Live, love, laugh, leave a legacy.
好好活著、愛你所愛、開懷大笑、代代傳承。

——————Stephen R. Covey 柯維

心理勵志｜306A

柯維經典語錄

18個關鍵原則，創造成功人生

史蒂芬・柯維 Stephen R. Covey 著　胡琦君 譯

The Wisdom and Teachings of Stephen R. Covey

作者簡介

史蒂芬・柯維（Stephen R. Covey）

　　柯維曾入選《時代》雜誌美國二十五位最具影響力人物排行榜，他以深刻且直接的引導，畢生致力於向大眾證明，每個人都能掌握自己的命運。身為備受尊崇的國際級領導力權威、家庭關係專家、教師、企業組織顧問以及作家，柯維的見解已影響上百萬人。柯維的著作在全球已售出2000萬冊，翻譯成40種語言，《與成功有約》一書，更被譽為廿世紀最具影響力的商業書籍之一。其他重要著作包括：《第3選擇》、《第8個習慣》、《7個習慣教出優秀的孩子》、《與領導有約》、《與時間有約》等等（皆為天下文化出版）。

　　柯維是哈佛大學企管碩士，楊百翰大學博士，同時也是國際知名教育訓練機構「富蘭克林柯維公司」共同創辦人，該機構在全球147個國家設有分公司。他生前與妻子和家人住在美國猶他州。

譯者簡介

胡琦君

　　大學畢業後，先後當過空姐、祕書、國小英文老師。閒暇之餘，兼做口筆譯，以及自行車賽事主持人。取得師大翻譯所碩士前，曾赴美國阿拉斯加農場工作，並在中國時報擔任實習編譯。譯有《Google時代一定要會的整理術！》、《樂活工作的一年》、《讓創意自由》（合譯）、《千紙鶴的眼淚》、《20世代，你的人生是不是卡住了》以及《魅力學》（皆為天下文化出版）。

　　部落格：http://tw.myblog.yahoo.com/caseyhu-yahooblog

目錄

── 序 ──

　　二〇一二年七月，世界上失去了一位在成功學與領導力上偉大的思想家史蒂芬・柯維博士，留下最珍貴的智慧寶藏。柯維博士生平出版眾多暢銷書，如：《與成功有約》（The 7 Habits of Highly Effective People，英文直譯：高效人士7習慣），《第8個習慣》（The 8th Habit），《與領導有約》（Principle-Centered Leadership）和《與時間有約》（First Things First），這些巨著仍持續地影響世人。其中《與成功有約》的哲學，已透過企業、政府、學校、非營利組織在全球廣泛傳播，深刻地影響組織成功與個人卓越。銷售量已達數百萬本，並成為柯維博士永恆的教誨。

　　《柯維經典語錄：18個關鍵原則，創造成功人生》收錄了柯維博士在企業、成功、管理、家庭和愛上面的深刻教誨。它將再次鼓舞撼動無數的讀

者，無論是認同他的思想，或是對他不甚熟悉的人。

　　建議你打開此書時，用你的心、腦、身體和靈魂來感受與體會，並想想你讀到什麼，思考一下你將如何來定義你的工作或個人生活的使命，讓柯維博士的智慧來引導你學習、成長、創造新的機會，並重新定義優先次序以實現你的使命。

　　柯維的教誨已經激發我個人，並持續讓我在人生的旅途中受益，希望你也可以跟我一樣。

陳俐同　Tan Li Tong

睿仕管理顧問（Right Management）

亞太區執行總裁／全球人才管理諮詢負責人

2013.10

前言

本書收錄史蒂芬·柯維博士的智慧結晶，他是當代偉大的精神導師之一。

柯維博士年輕時，家人希望他能夠留在家族經營的飯店裡工作，但他志不在此，他想要成為一名老師，引導他人發揮禁錮許久的內在潛力，對世界做出不一樣的貢獻。他曾寫道：「每個人都無比珍貴，天生就具有龐大、幾近無限的潛能。」

為達成此一志向，他先是取得了哈佛大學碩士學位，接著到大學任教，隨後又擔任企業及政府高層的顧問，影響力遍及商業界與政治界。一九八九年，柯維博士出版《與成功有約》一書後，其影響力更是無遠弗屆，許多人仍視之為當代最具影響力的一本書。若說全球許多家庭和公司的書櫃上都可以找到柯維作品的蹤影，一點都不誇張。

無論是他的教誨還是人生經驗，都一再印證這

些原則深具感染力量，經得起時代考驗。他不追求時下的流行，更不會為了出名而譁眾取寵。他一心述說恆常不變的道理，教導人們永傳不朽、歷久彌新的人生真理，不僅有助於職場的成功，也能加深對自己的滿意度。不僅如此，柯維博士更是身體力行，親朋好友和學生都見證過他在生活中實踐這些真理。

本書章節依據不同的人生關鍵原則編排，如正直、均衡生活、願景，以及愛，以淺顯易懂的故事和語錄呈現這些原則的精髓。

雖然柯維博士已離我們遠去，他的不朽教誨仍將永遠造福世人：真理就是真理，不證自明；人生在世，不可能不依循原則行事，卻還妄想著宇宙應許我們的需求；人生何其珍貴，我們可以庸碌平凡過一生，也可以努力活出非凡人生。

柯維家族

給讀者的話

　　本書內容擷取自各種不同的書籍與文章，每段引用文字的結尾均標註了數字，讀者可以對照書末的參考資料查詢出處。

THE PRINCIPLE OF

責 任 心

ACCOUNTABILITY

我七歲大的兒子史蒂芬自告奮勇說要幫忙照顧庭院。

我跟他說：「兒子呀！你有沒有看到隔壁鄰居院子裡的草既青綠又清爽？我們想要的就是那個樣子：青綠和清爽。現在回頭看看我們家的草坪，看到那斑駁混雜的顏色嗎？草坪不該是這個模樣，這樣不叫青綠。我們要的是青綠和清爽。」

接下來二星期裡，我不斷向他叮嚀這二個重點：青綠、清爽。

星期六，他什麼也沒做。星期天，沒做。星期一，還是沒做。到了星期二早上，我將車子開出車道準備上班時，望著庭院裡枯黃雜亂的草地，眼看七月的烈日又即將升起，十分無奈。

這實在教人難以忍受，我非常不滿意他的表現，跟我所預期的差太多了。

我本來決定回到跟以前一樣，只派他做些「跑龍套」的小事，但又擔心這麼做會影響他內在承諾

的能力。

當晚回家後，我堆起笑容對他說：「兒子，一切都好嗎？」

他回說：「很好呀！」

我忍住衝動沒接下去說，直到吃完晚飯我才再度開口：「兒子，該遵守承諾了。現在跟我到院子走一圈，讓我看看你工作進展，好嗎？」

我們走出門外時，他的下巴開始顫動，眼淚在眼眶裡打轉。還沒走到院子中央，他就低聲啜泣了起來。

「爸，這真的好難！」

我心裡嘀咕：「哪裡會難？你連做都還沒開始做呢！」不過，我知道難在哪裡 —— 在於「自我管理」以及「自我監督」。於是我說：「有什麼我可以幫忙的地方嗎？」

他哽咽地說：「爸，你願意幫忙嗎？」

「我當初是怎麼答應你的？」

責任心
Accountability

「你說，只要你有空就會幫我。」

「我現在有空。」

他隨即跑進屋內，拿出二只麻袋。他將其中一個交給我，指著車庫前面因週六晚上烤肉所遺留下來的物品說：「請把那些撿起來好不好？」

於是我收拾好東西，完全照他吩咐的去做。就在此時，他才正式簽下內心的協議書，這裡成了「他」的庭院、由「他」掌管。

接下來一整個夏天裡，他都自己做，只不過請我幫了二、三次的忙。他把院子照顧得很好，草地愈來愈青綠，也愈來愈清爽，甚至比我負責的時期還要好。7

實際負起責任能夠培養出責任感 —— 亦即反應的能力（response-ability）。3

柯維經典語錄

我們向來對自己職掌以外的
事情感到興趣，照理也該如此。
然而，無論做任何事情，
最重要的還是
得做好我們自己份內的事。[4]

All of us are interested in things
outside of our stewardship,
and we should be,
but the most important way
to do anything about them is
to magnify our own stewardship.

要求別人負起應盡的責任絕不是看輕他，反倒是種
肯定。7

犯錯是一回事，拒絕承認錯誤則是另外一回事。人
們會原諒錯誤，因為錯誤往往來自頭腦的錯誤判
斷。不過，人們不會輕易原諒心靈所犯下的過錯。
因為，這種錯誤出自於心懷不軌、動機不良，以及
為了遮掩第一個錯誤而狡辯的傲慢心態。7

柯維經典語錄

不要輕言承諾，除非你已做好萬全準備，能夠為了遵守諾言不惜付出任何代價。8

保護他人免於承擔自然後果，只會讓他們更不負責任。4

幾乎所有人際關係的問題，都是因為彼此對角色和目標的期望過於模糊，或是相互衝突所引起的。7

沒有任何事情比
許下承諾卻無法遵守，
更快破壞彼此的信任。
相反地，
沒有任何事情比
信守承諾更能夠建立信任。8

Nothing destroys trust faster than making and
breaking a promise. Conversely, nothing builds
trust more than keeping a promise.

柯維經典語錄

所謂「管理工作」的原則，就是專注於自身應盡的責任、被分派到的任務等各種份內事情上。你愈專注自己的職責，愈是強化了它；換句話說，你會把份內職責做得超乎預期的好，遠超出它原本的價值。舉例來說，作為丈夫的你，努力為你的孩子樹立良好典範，同時用心體貼老婆，當她的知心伴侶，這些就是你應盡的責任。4

要想改善任何情況，你必須先改善自己。
要想改變你的妻子，你必須先改變自己。
想改變你丈夫的態度，
你必須先改變自身的態度。
要贏得更多的自由，
你必須更有責任心、更加自律。4

To improve any situation, you must improve.
To change your wife, you must change.
To change the attitude of your husband,
you must change your attitude.
To win more freedom,
you must be more responsible,
must exercise more discipline.

柯維經典語錄

想要教出順從的孩子，作為父母的我們必須以身作則，更加遵從某些法律與原則。4

要想重建破裂的人際關係，我們必須先自省，好好反省自己應當承擔的責任、想想自己錯在哪裡。站在一旁挑別人的毛病再容易不過了，但這樣的習慣只會讓我們愈來愈傲慢，自以為是。4

責任心
Accountability

我們不全然等於我們的情緒，也不等於我們的心情，甚至不等於我們的想法……。藉著自我覺察，我們得以跳出自我，客觀地觀察自己，甚至能夠檢視我們「看待自己」的方式。[7]

唯有參與，始有認同。這句話必須銘記在心，它的重要性值得強調再強調！切記：沒有參與，就不會產生認同。[7]

柯維經典語錄

THE PRINCIPLE OF

平　衡

BALANCE

想像你走進森林裡，看見某個人正使盡全力要把樹鋸倒。

你問：「你在幹什麼？」

對方不耐地答說：「難道你看不出來嗎？我正在鋸樹呀！」

你又說：「你看起來疲累不堪，這棵樹你鋸了多久？」

他回答：「五個多小時，這差事好難，搞得我筋疲力盡。」

於是你提議說：「那你為何不暫停個幾分鐘，先把鋸刀磨利再繼續呢？這樣的話，速度肯定會加快許多。」

只見對方斷然拒絕你的建議：「我忙著鋸樹都來不及了，哪裡還有時間磨刀呀？」7

　　　　　柯維經典語錄

你會因為忙著開車，而沒空停下來替車子加油嗎？
10

有多少人在臨終時會懊悔自己沒有多花時間在工作
上呢？1

許多人以為，某個領域的成功可以彌補其他領域的
失敗。可是真的可以嗎？真正的效能所仰賴的是平
衡。7

平衡
Balance

關鍵不在於排出你行程表上的優先順序，
而在於規劃出你人生的優先順序。[7]

The key is not to prioritize
what's on your schedule,
but to schedule your priorities.

柯維經典語錄

有些時候是頭腦在主導，有些時候則是感情在主導。[20]

我們千萬不能因為忙著鋸樹，連停下來磨利鋸刀的時間都沒有。[3]

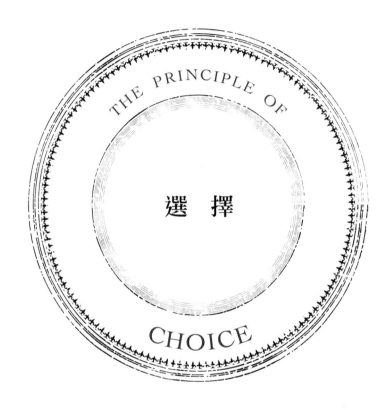

THE PRINCIPLE OF

選擇

CHOICE

在一次以「主動積極（proactivity）」為題的演講中途，突然有位女士從觀眾席站起來打斷演講，興奮地向大家分享她的心得，她看起來相當開心。

「你們絕對想像不到在我身上發生了什麼事情！我是一名全職護士，負責看護一位十分難搞、態度極其惡劣的病人 —— 可惡的程度超乎一般人所能想像。無論我做什麼事，都不如他的意。他從來沒有說過一句感激的話，連招呼也不跟我說一聲，總是看我不順眼，凡事雞蛋裡挑骨頭。搞得我每一天都烏煙瘴氣，還常會把不滿轉而發洩在家人身上。其他護士也有同感，我們巴不得他能早點死掉。

「而你竟然站在台上高談闊論，說什麼未經我的同意，沒有人能夠傷得了我；還說什麼我的痛苦全是自找的，是我自己心甘情願要受苦。這樣的說法我一點也聽不進去。

「不過，我一直在心底反覆思考你說的話，不

斷問自己：『我真的有權選擇自己的回應嗎？』後來，我理解到自己的確擁有這樣權力。在服下你這帖苦口良藥後，我終於看清楚痛苦是我自己的選擇，並體認到自己也可以選擇不要痛苦。想通之後，我覺得自己就像獲得釋放的犯人，於是我決定站起來向全世界大聲宣告：『我自由了！我從牢籠裡解放出來了！再也不必受制於別人給我的待遇。』」7

我們每個人都守護著一扇改變的門，這扇門只能從裡面打開。7

每個人都有四種與生俱來的天賦：
自我覺察、良知、獨立意志和創造力。
　　它們賦予人類無限的自由：
選擇、回應，以及改變的力量。1

Every human being has four endowments
　　—self-awareness, conscience,
independent will, and creative imagination.
　　　　These give us
　　the ultimate human freedom:
　　　The power to choose,
　　to respond, to change.

柯維經典語錄

無論幸福或是不幸，都是一種主動積極的選擇，決定權在你手上。7

要想得到幸福 —— 至少得到部份的幸福，我們必須能夠為了終極目標去犧牲眼前的欲望。7

我不是環境的產物，是我所做的決定造就了現在的我。21

人們只會用我所允許的方式來對待我。21

若我真心想要改善自己的處境，我可以從唯一一件我能控制的事情著手，那就是「我自己」。7

外在的刺激與內心的反應之間是有些空間的。在這個空間裡，我們擁有選擇如何反應的自由和權力。而這些選擇決定了我們能否成長或得到幸福。8

柯維經典語錄

獨立意志是驅使我們行動的動力。它賦予我們權力跳脫自身的思維模式、逆游而上,改寫我們的人生腳本,依循原則採取行動,不讓情緒或環境牽著鼻子走。1

在大型船隻的正舵旁,會有一個迷你舵,稱之為「小舵板」。稍微移動一下小舵板,正舵便會緩緩移動,最後徹底改變整艘大船的方向。你不妨把自己視為小舵板,從你個人的些微改變做起,最後必能影響整間公司,甚至可能改變整個文化。3

**真正傷害我們的並不是事件的本身，
是我們對於該事件的反應傷害了我們。**7

It's not what happens to us, but our response to
what happens to us that hurts us.

柯維經典語錄

點燃一根火柴可以摧毀一棟建築物,也可以照亮黑暗,端視你如何選擇。21

我們的行為由我們的決定所啟動,並非受到周遭環境的操控。7

從談話當中,可以清楚看出一個人主動積極的程度有多少。被動消極的人在說話時向來把自身責任推得一乾二淨:「這就是我呀!我本來就是這副德性,沒有辦法改變呀!」7

　　我最喜歡的故事之一是《舊約聖經》裡約瑟的故事，他小小年紀就被哥哥們賣到埃及為奴。

　　做為波提乏僕人的約瑟有千百種理由可以自悲自憐，他可以成天埋怨哥哥以及那些奴役者的不是，抱怨自己失去的一切。然而，約瑟始終主動積極，並且在很短的時間內，當上波提乏家的總管 —— 約瑟深獲波提乏的信任，因此受其委任，管理他整個家業。

　　後來有一天，約瑟身陷困境，又不願為了脫困而做出違背誠信的事情，因此蒙冤入獄十三年。

　　然而，他再一次展現主動積極。他善用他的影響圈，很快便成為監獄的管理者，最後治理整個埃及，其地位之高，僅次於法老王。7

人類最大的自由在於我們有權、
也有能力決定要如何讓其他人，
或每件事情影響我們。21

Our ultimate freedom
is the right and power to decide
how anybody or anything outside ourselves
will affect us.

選擇
Choice

過去的經驗往往像鏈子一般，緊扣著現在與未來，舊時的印象往往在我們腦中留下深刻不褪的痕跡。漸漸地，我們的習慣落入一成不變、不假思索的俗套。一旦心裡想著「這事不會成功」，到頭來極有可能永遠也不成了。4

被動消極的人容易受到外在環境的影響：天氣好的話，他們心情就好。天氣不好的話，就無精打采，連帶著表現也變差。主動積極的人心中自有好天氣，外在天氣的好壞對他們來說不會有太大的差別。7

柯維經典語錄

被動消極的人通常活在別人給予的舊認知模式裡。他們就跟救火隊員一樣,衝動地來來回回奔波。21

人生不如意十之八九,誰都躲不掉;但是否需要以痛苦面對,則是一種選擇。8

依循價值觀行事,不感情用事,是主動積極者必備的能力。7

選擇
Choice

　　一旦陷入受害者心態，你等於拱手讓出自己的未來。在一次訓練保險業務員的課程當中，我不斷聽見學員抱怨公司這項培訓計畫糟透了。於是我問他們：「那為什麼你們不去改變呢？」

　　他們回說：「你是什麼意思？」

　　「既然不滿意這些培訓計畫，覺得只不過一場雷射燈光秀，毫無優秀實戰經驗的分享，那你們為何不改變呢？」

　　「嗯，我們沒有辦法越權做決定呀！」

　　我接著表示：「聽我說，你們並不是受害者！你們是這間公司的頂尖業務員，有權對高層決策者表達你們的任何想法，而且只要表達聲明的方式合宜得當，你們就能成為改變的推動者。換句話說，你們要比高層更清楚他們的計畫並深入分析，然後再說出你們的提案，這才是明智的做法。」12

　　　　　　　　柯維經典語錄

你所處的環境是由你的想法、你的信念、
你的理想、你的人生觀所形塑出來的；只要
你的想法、信念、理想、人生觀沒有改變，
你的環境就不會改變。11

The environment
you fashion out of your thoughts,
your beliefs, your ideals, your philosophy
is the only climate
you will ever live in.

據目前所反映出的社會典範來看，我們大多數的人是受到制約與環境所主宰。7

人在努力的過程裡，勢必會遇到某些關鍵時刻，只要善加利用，它們便可能成為扭轉未來的決定性時刻。因此，即便在這些艱難時刻裡，也要堅強面對。4

柯維經典語錄

人生當中有三件事是不變的：改變、選擇，以及原則。21

除非哪一天你打從心底深信：「我昨日所做的選擇，造就出今日的我。」否則你沒資格說：「我有選擇的自由。」7

選擇
Choice

我們可以自由選擇要採取什麼樣的行動，但我們無法選擇這些行動所衍生的後果。要知道，當你拿起棍子的一端，棍子另一端也連帶一併拿起。7

你不等於你的習慣。你可以用全新有效的行為習慣，去取代舊有的自我挫敗行為模式。7

柯維經典語錄

有一回某個學生來找我請假，因為他要去參加網球巡迴比賽。

　　我問他：「你是不得不去，還是你自己選擇要去的？」

　　他回答說：「我不得不去。」

　　「不去的話會有什麼後果？」

　　「哦，那他們會把我踢出校隊。」

　　「你希望有這樣的後果嗎？」

　　「不希望。」

　　「這麼說來，你是為了要留在校隊裡才選擇請假去比賽的。可是，你沒來上我的課，會有什麼後果呢？」

　　「我不知道。」

　　「你認真想想，不來上課的話會有什麼樣的自然後果呢？」

　　「你不會當掉我吧？」

「那屬於社會後果，是人為的。像你若不參加網球隊，就無法打球，這屬於自然後果。那麼你若缺課不來，會導致怎麼樣的自然後果呢？」

　　「我想應該是喪失學習的機會吧！」

　　「沒錯，所以你必須權衡兩種後果的輕重，再做出決定。我知道，換做是我，我也會選擇參加網球比賽，但千萬別說你不得不這麼做。」

　　於是他順著我的話接下去說：「那我選擇參加網球比賽。」

　　「那就是不來上我的課囉？」7

　　　　柯維經典語錄

THE PRINCIPLE OF

貢　獻

CONTRIBUTION

我有個親戚終其一生都在IBM工作，在這間充滿活力的企業裡，歷經一次又一次的轉型與成長。在如此瞬息萬變、日新月異的產業裡，他始終努力保持高度的產業敏銳度，屹立不搖。他在公司表現相當優異，也非常看重這份工作，而且客戶們都很喜歡他。更難能可貴的是，他的家庭生活也十分美滿。他不汲汲營營於追逐表象的成功，也沒有渴求升遷，或尋求眾人喝采的雄心壯志，卻依然闖出了一番名堂。

在我看來，他的事業非常成功。他盡力扮演好各種角色，因而贏得客戶、同事，以及家人的信任與忠誠。

對於抱有雄心壯志，每個人看法不一。有抱負究竟是好事還是壞事呢？找個人認為這要看用在哪個地方。……若在於闖出非凡的成就 —— 意義深遠的貢獻，那麼你不但能從工作上獲得很大的成就感，也能過著幸福的生活。像這樣的雄心壯志，才是我所推崇的。2

柯維經典語錄

那些闖出一番非凡成就的人，不論好壞，都擁有三項共同的特性：願景、紀律與熱忱。這三項特質希特勒全都具備，但他卻欠缺第四項最重要的特性 —— 良知，才導致毀滅性的結果。7

當一盞明燈，別當審判者。做一名典範，別做批評者。7

我們每個人的內心深處
都嚮往偉大且有貢獻的人生
—— 真正有意義、且有所作為的非凡人生。
在家裡、在職場上，以及在社會裡，
我們可以有自覺地選擇遠離平庸的生活，
活出偉大的人生。8

Deep within each of us is an inner longing
to live a life of greatness and contribution
—to really matter, to really make a difference.
We can consciously decide
to leave behind a life of mediocrity
and to live a life of greatness
—at home, at work, and in the community.

效能不再是可有可無，而是這個新時代想成就偉大
最不可或缺的條件。8

用慈悲心看待別人的弱點，而不是指責。重點不在
於別人有沒有達成什麼，或是應該做哪些事；真正
的關鍵在於你自己選擇以哪種方式回應當下情況，
以及你本身應該做些什麼。7

人類並非天生懶惰或冷漠。我們的天性與靈性賦予我們無窮的活力和熱忱。每一天，我們都能夠看到這些特質在日常活動裡顯現，並從中發現個人的意義與重要性。4

我們多數人花太多時間處理緊急的事情，反而沒有足夠時間處理重要的事情。21

偉大的最高境界是品格和貢獻，其次才是聲望、財富與地位。21

一個人有多大能耐，就應全力以赴達到那樣的水準。4

「好」往往是「最好」的大敵 —— 滿足於現有成就，反而不再精益求精。7

人生的關鍵不在於累積，而在於貢獻。21

在我們一生當中，以及整個世界裡最重要的工作，全都是在家庭這個場域完成的。21

在我們所處的世界裡，充斥著崇尚物質以及群體目標與價值觀的文化，它們深深影響我們，而且與自我實現的目標與價值觀相互牴觸。4

這世上有成功者，也有貢獻者。
許多成功者也會貢獻，
但他們大多只是準備要付出，卻未真的貢獻。
你們應該把貢獻當做今生的使命。21

There are achievers
and there are contributors.
Many achievers also contribute,
but mostly they are just
preparing to contribute.
See your life as the life of a contributor.

貢獻
Contribution

THE PRINCIPLE OF

勇　氣

COURAGE

有位朋友跟我抱怨他老闆的領導方式大有問題。他無奈地表示：「我跟我老闆談過這件事，他本身也很清楚哪裡需要改進，卻不見他採取任何行動。」

我問：「那你為何不嘗試用有效的說法去跟他談呢？」

「我當然有呀！」

「那你說說看，『有效』的定義是什麼？假如推銷員沒賣出東西，是誰的問題？難道是客戶的問題嗎？你要知道，對方確確實實聽進你說的話，那才叫做『有效』。你有沒有清楚讓對方知道你想要什麼樣的改變？在溝通過程裡，你有沒有跟對方建立起良好的關係？還有，跟對方談完以後，結果如何呢？」

「我剛剛不是說他都沒改進嗎？反正他就是沒聽進我說的話。」

「那你就設法用有效的說辭去說動他。你得站在

對方立場替他著想、將心比心。你應該用簡單生動的話語描繪出對他有利的替代方案，甚至描述得比他本人所能說的還要清楚。這得費上一番工夫，你願意這麼做嗎？」

他反問：「為什麼非得要我來做這些事呀？」

「那你言下之意是：你希望對方徹底改變領導風格，卻不願意花費心力說動他？」

「可以這麼說吧！」

「這樣的話，你只好一笑置之，學習接受這樣的事實。」

「可我就是沒辦法接受這樣的事實，它與我的誠信原則相互衝突呀！」

「既然如此，你就設法擬出一段令對方信服的說辭吧！」

最後他還是放棄了，因為他不想投資那麼多時間在這上面。7

許多人習慣用二分法思考：非黑即白。他們認為，一個人若是善良，就不可能嚴格。然而，在雙贏思維裡，善良與嚴格是可以同時並存的。7

要想修補緊繃的關係，唯一的方法就是跟對方一對一和解，把事情攤開來講清楚、跟對方道歉或寬恕對方，盡可能去彌補。21

柯維經典語錄

人生最大的風險在於不敢承擔一絲風險。[8]

The greatest risk is the risk of riskless living.

如果我們碰到一個控制不了的問題，我們所能做的就是改變嘴角的線條 —— 微笑吧！縱使我們不喜歡這個問題，也要打從心底、平心靜氣去接受它，學習與它共處。這樣一來，我們才不會任由這個問題控制我們。7

THE PRINCIPLE OF

效　能

EFFECTIVENESS

還記得鵝生金蛋的故事嗎？某日，一位窮農夫發現他所飼養的鵝下了一顆閃閃發亮的金蛋。起初，他以為有人故意捉弄他。不過，就在他打算把金鵝蛋丟一旁時，突然念頭一轉，決定把它送去給人鑑定。結果發現，這顆蛋居然是純金的！農夫不敢相信自己的好運氣，因此，當他隔天再度發現另一顆金鵝蛋時，依舊半信半疑。

就這樣，日復一日，每天早上醒來，農夫就能在鵝窩裡找到另一顆金蛋。他因此變得非常富有，這一切美好得像在做夢。然而，隨著財富累積愈來愈多，他也變得更加貪婪急躁。

農夫無法忍受一天又一天的等待，決定把鵝宰殺，試圖將所有的金蛋一次取出。誰知當他剖開鵝腹時，赫然發現裡頭是空的，根本沒有金蛋。如今鵝卻死了，再也生不出金蛋。

用這則寓言來說明效能的定律再清楚不過了：多數人會從金蛋的角度來衡量效能，也就是你產出的愈多、做得愈多，效能就愈高。假如你只看重金

蛋，卻忽視鵝的存在，你很快就連生產金蛋的資產都保不住。相反地，若是把心思全放在鵝身上，卻不去管金蛋產出多少，最後可能養不活自己，更不用說鵝了。因此，產出與產值二者必須取得平衡，方能達到真正的高效能。7

當我們覺得問題出在「外頭」，這種想法本身就是個大問題。7

習慣是知識（做什麼）、技能（怎麼做），以及態度（想要做）三者的交集。7

効能
Effectiveness

高效能的人有個共同點：他們都擁有七大習慣。他們很清楚「自己就是程式設計師」（習慣一），也「懂得編寫程式」（習慣二），進而「運作程式」、「活出程式的精髓」（習慣三）。（編注：習慣一至三為實踐個人成功；習慣四為雙贏思維；習慣五為知彼解己；習慣六為統合綜效，習慣四至六為實踐公眾成功）。實踐習慣七則保有不斷成長、持續向上的思維模式，重視教育、學習，並堅守承諾。7

再多再好的建議，若沒能解決真正的問題，
都只是空談而已，一點用處也沒有。[7]

All the well-meaning advice in the world
won't amount to a hill of beans
if we're not even addressing the real problem.

效能
Effectiveness

高效能的人不是「問題思維（problem-minded）」，他們具備的是「機會思維（opportunity-minded）」。換言之，他們創造機會，讓問題自然而然枯竭而亡。7

在互賴關係裡，一般人在討論問題或商量決定時，往往產生過多負面的能量。我們花大量的時間在怪罪彼此、玩弄手段、針鋒相對、打擊批評、強詞奪理、爭占上風或相互猜忌。這就像是一腳踩著油門，另一腳卻踩住煞車，車子哪裡前進得了？7

每個人都有各自不同的發展階段與成長步調。從生理層面上，我們往往很清楚並接受這樣的事實。然而，我們卻鮮少、也比較難在情感層面、人際關係，甚至從精神層次上理解這樣的事實。4

只重獨立並不適於人我息息相關的現代生活。一個人若缺乏互賴觀念，難以與人相處共事，充其量只能獨善其身；永遠無法成為出色的領袖或團隊的一分子，也不會有美滿的家庭、婚姻與團體生活。7

忙碌不等於高效能：
有的人雖然忙翻天，效率卻不高。7

It is possible to be busy—very busy—
without being very effective.

柯維經典語錄

好好活著、愛你所愛、開懷大笑、代代傳承。6

這一代的人比以前任何時代的人都還要努力，但由
於缺乏清晰的理念和願景，因此他們所能獲得的成
效不大。基本上，他們等於使盡全身力量，企圖
「推動」一條軟繩。8

人們只要去做自己擅長的事情，就能產生良好的自
我效能感。8

有些人雖然具備良好的品格，卻缺乏溝通能力，這無疑會影響到他們人際關係的品質。[3]

最重要的事情就是讓重要的事情永遠擺在第一順位。[1]

柯維經典語錄

長久存在的問題一向沒有快速解決的捷徑。要想修復這類問題，必須採用自然的方法。誠如春耕秋收的原理一般，唯有春天先播種，並在漫漫炎夏持續灌溉、除草、施肥，才可能在秋天豐收。3

充實自我內涵的最佳方式，莫過於養成閱讀優良文學作品的習慣。7

效能
Effectiveness

要在金蛋（產出）與健康的鵝（產能）之間維持平衡，往往是一門大學問，但我認為這正是效能的關鍵所在。7

我們生活在一個凡事講求速效的世界裡。你能夠想像農夫到了秋天才播種施肥，期望速成的豐收嗎？學生考前臨時抱佛腳，期望考試及格嗎？你可以想像長距離跑者的速度和耐力是「假裝」出來的嗎？或優秀鋼琴家的神乎其技只是「表面工夫」嗎？4

　柯維經典語錄

說到孩子品格長處、內在安全感，以及獨特技能的
培養，家庭的正面影響最大，任何機構都比不上。21

你可以成為帶動改變的人 —— 拋下過去，尋求更
美好的未來。你們家族世世代代流傳下來的負面能
量，就到你這裡為止吧！要知道你自身的改變，從
此將影響許許多多的後代子孫。7

效能

THE PRINCIPLE OF

同　理　心

EMPATHY

假設你找一名驗光師檢查視力，但對方還沒聽你描述完症狀，就急著摘下自己的眼鏡叫你戴上，並說：

「這副眼鏡我已經戴了十年，非常好用。就給你戴吧！反正我家裡還有一副。」

可是戴上這副眼鏡之後，你眼前一片模糊，於是你抗議道：「這太離譜了！我什麼都看不清楚。」

但驗光師卻說：「怎麼可能有問題？我戴起來明明就好得很，你再試試！」

「我非常努力在試呀！可是所有東西看起來全都好模糊！」

「你是怎麼搞的呀？只要你能正面思考，一定看得清楚。」

「管你正面不正面，反正我就是看不到呀！」

到最後，驗光師惱羞成怒還責怪你：「真是的，我這麼好心幫你，還不領情。」

遇到這麼荒唐的驗光師，請問你下次還會再來

找他幫忙嗎？我看不會吧！他連症狀都還沒診斷，
就先開處方，誰敢領教？

　　然而，我們不也常犯下這種毛病嗎？與人溝通
時，往往還沒搞清楚狀況，就遽下斷語。7

只要不那麼在乎別人對你的觀感，你就更能站在別
人的立場思考。7

人生當中偶爾會有某些時候，你有辦法讓別人相信
你，但你內心深處卻不相信自己。7

要影響別人，
關鍵在於懂得感同身受。[7]

Being influenceable
is the key to influencing others.

別沉溺於自己過去的豐功偉業。21

同理心聆聽的出發點是為了理解對方，也就是先尋求理解 —— 真正的理解。所謂的同理心聆聽，是進入另一人的思考模式，用對方看待世界的模式去看這個世界，徹底了解他的思考模式，全然體會他的感受。7

同理心跟同情心不一樣。同情有某種成份的贊同，但同理心卻不必贊同對方，而是全然且深入了解對方的感情與理智世界。5

恐懼是一種心結，要解開這些心結得仰賴真心誠意、積極正向的人際關係，而不是動腦想太多。7

我一向會定期安排時間「訪談」我的孩子。所謂的「訪談」，基本上我只是靜靜傾聽，並試著了解他們所說的話。換言之，訪談時間不是拿來說教、道德勸說、諄諄教誨或是管教——我會安排其他時間做這些事的。總之，這段期間純粹是用來傾聽、理解，並展現同理心。有時候我超級想要越線給予建議、說教、替他們下決定或表示同情，所幸我總能把持住；因為我已下定決心，在此特別的訪談時刻裡，我只能盡所能去理解他們。4

假如你現在所處的房間裡，空氣一下子全部被抽光，會發生什麼事？此時，你只在乎能夠吸到更多的空氣，其他東西都不再重要 —— 活下去成了你目前唯一的動機。但正因為你現在有充足的空氣，所以它激勵不了你。這是最根本的一種人性：需求一旦獲得滿足，便無法成為激勵人的動機；唯有未獲滿足的需求，方能激勵人心。相較於生理上渴望活著的需求，人類心理上最大的需求則是渴望獲人理解、肯定、認可、賞識等等。因此，用同理心傾聽他人，便能夠給予對方「心理的空氣」。7

如果要我用一句話
總結人際關係最重要的原則，
那麼根據我多年的觀察，我會這麼說：
若想別人了解你，請先了解別人。[7]

Seek First to Understand,
Then to Be Understood.

同理心
Empathy

在談判過程裡，如果你看重與對方之間的關係，你便會積極傾聽對方，認真思索他的話，感同身受。換言之，你不會只聽表面、等待插話的機會奪得發言權。你之所以展現同理心，是因為你本身就是富同理心的人，而不光是為了求取自己最佳利益而裝出來的。5

大多數的爭執並不見得是意見不合，多半都只是雙方內在自我的對抗，或曲解了彼此的意思。4

柯維經典語錄

有一天，在我演講結束後，系上一位職員告訴我，他跟兒子處不好。他說：「我其實非常了解我的兒子。我都活到這把年紀了，哪裡會不清楚我兒子現在經歷什麼樣的問題？假如他不聽我的勸，以後一定會碰到種種危險和陷阱。」

我對他說，「我建議你先這麼做吧！你不妨假設你不了解你兒子，並從一開始就全心傾聽他的話，不帶任何道德批判。」

「我不認為這樣有效，但我會試試看。」

當晚八點鐘，他的兒子對他說：「爸，我覺得你一點都不了解我。」這位爸爸事後告訴我，在那個當下他實在不想繼續談，但他承諾過自己會好好傾聽。於是他回答說：「好吧，兒子。就當我真的不了解你好了，你來告訴我你是怎麼的人，我洗耳恭聽。」結果，他們一談就是三個半鐘頭。

後來，他開心地與我分享他的新發現，他說他之前從沒發現自己其實一點也不懂兒子，也從沒讓

兒子真正表達他的心聲。「如今，我跟兒子都重新找回彼此，我們又當回朋友了。」4

大多數人在聽別人講話時，並未用心理解對方所說的，只是一味想著自己待會要如何接話。換言之，他們若不是在說話，就是在醞釀下一句要說的話。他們向來用本身的思維模式去過濾每件事情，也總是依自己的人生經驗去解釋別人的作為。7

叛逆是一種心結，問題出在內心，而非頭腦裡。7

某個人所看重的大事，對另一人來說可能只是微不足道的小事。比方說，你六歲大的孩子為了某件芝麻綠豆小事打斷你時，你或許正在忙一件要事；在你看來，孩子的事情微不足道，但從他的角度來看，卻可能十分重要。7

人與人之間的談話不過是一連串的獨白：我們各說各話，卻從未真正理解對方心裡在想些什麼。7

人其實很脆弱，內心十分敏感 —— 在我看來，這跟
年齡或經驗多寡無關。無論外表再怎麼強硬、冷酷
無情，每個人的內心感受與情緒都非常柔軟。7

驅使人類行為的動力，向來是內心感受大於理性思
維。因此，倘若人與人之間沒有良好的感受，幾乎
不可能有效理解對方。4

柯維經典語錄

人們往往會以你對待他們的方式回敬你，或是以你
所相信他們的模樣展現自己。21

黃金律有云：「希望人怎麼待你，你要先那樣待人」
雖然這句話表面上的意思是你希望對方為你做某件
事，先替他們做那件事；不過，我覺得裡頭還有更
深層的涵義，那就是用你希望被了解的方式，去徹
底了解對方，然後根據你對他們的認識，用心對待
他們。7

你愈深入了解別人，
你會愈欣賞他們，你也會愈發敬重他們。跟
別人的靈魂接觸，形同行走在聖殿當中。7

The more deeply you understand other people,
the more you will appreciate them,
the more reverent you will feel about them.
To touch the soul of another human being
is to walk on holy ground.

柯維經典語錄

當有人內心受了很大的傷害，而你願意全神貫注傾聽、全心理解他們說的每句話，你會發現他們敞開心懷的速度快到令你無法想像：他們會非常樂意跟你分享內在世界，就像剝洋蔥一樣，開啟一層層心門，直到將柔軟的核心呈現在你面前。7

別人還在情緒漩渦裡打轉時，對他們說教不但沒用，反而常被誤認為是對他們的批判或否定。7

同理心
Empathy

當我們人際關係出現問題，它帶給我們的痛苦往往十分劇烈，令人無所遁形。於是，我們會設法採取各種急就章的方法解決問題 —— 像是提升個人魅力之類的人際關係術。殊不知，這只能治標不能治本，因為人際關係的得失其實源自於某個更深層、更久遠的問題。7

你不能用「效率（efficiency）」的角度看待人：人是用「效能（effectiveness）」來衡量，「效率」則是用在事物上。7

柯維經典語錄

　一旦你心中有了「不成交（no deal）也無妨」
的決心時，你便能夠坦然地說：「我只想要雙方都
贏：我想要贏，我也希望你贏。我不希望只有我單
方面贏，卻讓你心底不舒服，因為你心裡的不愉快
遲早有一天會浮現出來。從另一方面來看，我也不
認為你會因為打敗了我、贏得你所要的而開心。既
然如此，讓我們一起為雙贏努力吧！讓我們用心打
造出雙贏局面！如果達不到雙贏結果，雙方就一致
同意不用成交。比起硬要成交，卻做出對彼此都不
利的決定，交易破局反而對雙方都比較好。如此一
來，以後我們或許還有合作的機會。」7

話語就像是從高處丟下的雞蛋：
一旦丟出，你無法叫它們回頭；
對於它們落地後造成的髒亂，
你也無法視而不見。[21]

Words are like eggs dropped from great heights.
You could no more call them back
then ignore the mess they left
when they fell.

　曾有位父親跟我抱怨：「我實在搞不懂我的孩子，他從來就不肯聽我的話。」

　我問他：「你剛才的意思是說：『你不了解你的孩子，是因為他不肯聽你的話嗎？』」

　「是呀！」

　我再次強調剛剛的問題：「你兒子不肯聽你講話，所以你不了解他。是這樣嗎？」

　他不耐煩地回答：「我就是這麼說的呀！」

　我只好直言不諱地說：「我以為要了解一個人，應該是『你聽他說話』，不是『他聽你說話』吧！」

　只見他「哦！」一聲後，愣了好一會兒才終於豁然開朗。7

THE PRINCIPLE OF

真　誠　正　直

INTEGRITY

有一次我在加拿大搭計程車，上車時飯店門房跟司機說：「麻煩載柯維博士（Dr. Covey）去機場。」司機以為我是醫生，便開始跟我聊他身體上的毛病。我試著跟他澄清，我雖然是 Dr.，但不是醫生。然而，他的英文不太流利，聽不懂我的解釋，我也只好繼續聽他講。

他跟我提到他身體的病痛，還有複視的問題。然而，當我聽得愈多，卻愈來愈覺得這些問題都是因他善惡不分所引起的。像他抱怨說自己非得要說謊或動些手腳，才能多賺些錢：「我才不要照著規則走呢！我知道怎樣才能多賺一點。」接著他突然嚴肅地說：「不過，要是警察抓到我這麼做，我就倒大楣了，我的執照會被吊銷。醫生，你怎麼看這件事呢？」

我表示：「難道你不覺得身體上的緊繃和壓力，全都是因為你沒有順著自己的良心做事嗎？你心裡很清楚怎麼做才是對的呀！」

　　柯維經典語錄

「可是那樣一來我就賺不到錢啦！」

我試著讓他了解，唯有忠於自己良知，才會得到智慧與內心平靜：「不偷不騙、不說謊話，尊重待人。」

「你真的認為這樣就有幫助？」

我斬釘截鐵地答覆說一定會有幫助。

下車時他堅持不收我的小費，他只是給了我一個擁抱：「我會照你說的去做！我現在已經覺得舒服多了。」2

盡力想討好所有人的人，到頭來誰都討好不了 ── 尤其是討好不了自己。3

「由內而外（Inside-Out）」意味著反求諸己，從你最基本、也就是最內在的自我部分 —— 思維模式、品德與動機 —— 做起。任何時候只要我們認為某個問題「來自外面」，這個念頭本身就是一大問題，代表著我們任由外面的東西來操控我們。這種思維模式屬於「由外而內（Outside-In）」，認為某個外在的東西必須先改變，我們才有辦法改變。7

虛偽的人生是一條曲折難行的崎嶇道路。4

柯維經典語錄

上教堂的人不見得就時時刻刻謹守教堂裡所傳授的原則：有的人可以非常活躍於教會，卻時而與真理背道而馳。7

勤上教堂不代表個人靈性就比較高。有些人成天忙於教會崇拜與活動，以至於對周遭人們的迫切需求極其無感，這與他們口口聲聲宣稱並所深信的戒律豈不大相矛盾？7

不要替別人的短處辯白，也不要為自己的缺點辯護。當你犯了錯，就承認它、修正它、並從中學到教訓 —— 立刻去做！[7]

Don't argue for other people's weakness.
Don't argue for your own.
When you make a mistake,
admit it, correct it, and learn from it —
immediately.

人打從出娘胎那一刻起，就生活在社會裡，活在一個又一個的團體當中。每個團體都有其規範成員的價值與批判，日積月累下來，這些評價形成一套系統，用以判別、標籤或定義你是怎樣的人。4

挫折感是人們期望值的函數：我們的期望反映出的往往是社會的縮影，並未反映我們自身的價值觀和優先順序。7

誠實（honesty）是說實話 —— 也就是我們所說的話要遵守外在的現實。誠信（integrity）則相反，它是讓外在現實來遵循我們所說的話，也就是守信用、實現期望。要做到這樣，必須具備完整的人格：表裡合一（oneness），不僅內在自我要做到，日常生活也要身體力行。*7*

我們在開發自我意識時，多數人會發現一堆過時無用的腳本，以及深植許久的習慣。它們不僅與我們一點也不相稱，也與我們真心信奉的人生價值天差地別。*7*

柯維經典語錄

歸根結底，我們是怎樣的人，大家都看在眼裡。無論我們說什麼或做什麼，都不如我們本性所傳達出的訊息強烈。7

忠誠絕不可以凌駕誠信。事實上，真正的誠信就是忠誠。比方說，就算你不想聽到真相，你還是希望你的醫生能夠對你坦誠。8

對自己做出小小的承諾，去遵守它；接著再做出大一些的承諾，一次比一次更大。到最後，你的榮譽感終將大過於你的情緒；屆時，你會發現到權力的源頭 —— 道德權威（moral authority）。8

許多人以為，成功的條件只需要擁有才能、活力，以及人品。然而，歷史卻有不同的印證：從長遠來看，真實的我們，比起表象的我們還重要許多。8

許多人的偉大並非真正的偉大；換句話說，這些人的能力雖然受到社會大眾的肯定，但其性格裡卻缺乏崇高的尊嚴與美德。你會發現，這些人跟別人長期相處一段時間後，遲早會面臨到身分錯亂的危機，對象可能是他們的工作伙伴、配偶、朋友，也可能是正值青春期的孩子。要知道，一個人的真實性格為何，是瞞不了人的。7

謙遜是所有美德當中最崇高的一項：因為有了它做基礎，才會衍生出其他所有的美德。21

難怪許多人活在焦慮和恐懼之中，過著假面人生，一味維持好的表面形象。因為他們的生活隨時飽受外在變化的衝擊，無法安住在恆常不變的內在價值裡。4

體現誠信的最重要方式之一，就是尊重那些不在場的人。這麼做，我們將會獲得在場人士的信任。倘若你替不在場的人講話，更是讓在場人士對你信任有加。7

柯維經典語錄

　　我們的性格基本上是由平時的習慣日積月累塑造出來的。由於習慣與性格是一致的 —— 而且往往會不經意展現出來，因此習慣隨時隨地、分分秒秒都在訴說著我們的性格。

　　我們的內在若未能秉持一個恆常不變的核心價值，便無法屹立於瞬息萬變的環境裡。因為一個人的應變能力取決於他對自我定位、目標以及價值觀的不變信念。7

一個人愈在乎別人的想法，他就愈難承受別人對他的看法，因為別人隨便的一句話就能輕易傷害他。3

真誠正直
Integrity

有原則的人不會是極端主義者，他們不會用極端的二分法看待事情，也不會把每件事分成好事或壞事、非黑即白。他們著重事情的各個面向、優先順序，以及層次結構。3

我們碰到的所有問題，無論是世界、國家社會、家庭，以及個人生活裡的問題，其根源全都出自於心靈。彷如樹和葉子的關係一樣，這些問題的症狀雖然反應在社會、經濟和政治上，其實真正的根源在於道德和心靈 —— 首先在個人，然後擴及家庭。4

那些不得志的人往往喜歡冷眼旁觀別人的生活，想像各種不同的虛擬角色，一個換過一個。要不了多久，他們便迷失了自己的角色定位。從此失去自我，只照著別人對他的期許過日子。4

品德的淪喪是一點一點逐漸發生的。4

除非我們先贏得個人的成功，否則不可能贏得公眾的成功。換言之，任何一項公眾的殊榮必須要有個人的勝利做基礎。4

我們常聽到有人因為錢包被偷，身分遭人假冒或盜用。然而，更嚴重的身分盜用問題，是當一個人淹沒在別人對他的定義當中，迷失自我的定位。5

柯維經典語錄

我們之所以會藉由外在標籤帶來的優勢 —— 比如說，名牌襯衫、毛衣、鞋子或洋裝；某個俱樂部的會員資格；具有影響力與威望的職位；名車豪宅等象徵地位的標誌；光鮮亮麗的容貌與時尚的穿著打扮；一流口才；學位證書等等，其實全都只是為了掩飾自身貧乏空洞的內在。然而，這麼做反而會讓我們更加依賴這些標籤，更離不開表象的生活，更重視外在價值，我們的內在只會變得愈來愈空洞。4

智慧是誠信的產物 —— 謹守原則，便能萌生智慧。而誠信則是謙遜與勇氣的產物。其實，你可以說，謙遜是所有美德之母。因為謙遜，我們懂得臣服於主宰宇宙的自然法則與原則之下。不像傲慢，它讓我們以為人類才是宇宙的主宰。謙遜教導我們去理解原則，並活出原則，因為原則決定我們行為的最終後果。若說謙遜是智慧之母，那麼勇氣就是智慧之父。因為要真正活出這些原則，有時必須違抗社會習俗、規範與價值觀，而這需要極大的勇氣。8

柯維經典語錄

解決問題不能光說不練，
你必須走進問題核心去解決它。7

You can't talk your way out of a problem you
behaved your way into.

你必須決定什麼才是你最優先看重的事物，同時具備對其他事物說「不」的勇氣 —— 抱持著愉悅、開心、理直氣壯的態度。能夠做到這樣，表示你內在有個更強烈的念頭「我要」在支撐著你。[7]

你的問題全都是從你自己的心開始的。[4]

THE PRINCIPLE OF

領　導　力

LEADERSHIP

我曾參訪一間大企業，跟一群高階主管會面。席間我向他們詢問該企業的宗旨，內容大概是「增加公司資產總值」之類的文字

於是我問他們：「你們公司上下的員工都很清楚這項宗旨嗎？」

他們笑著回答：「其實我們在公司牆上貼的是另一套使命宣言，不過我們領導階層信奉的是這項宗旨。」

我接著表示：「這樣吧！不妨讓我說說看你們企業文化是什麼模樣：你們公司四分五裂，如果這個行業有工會組織的話，你們一定飽受勞資糾紛的困擾。為了讓員工做好工作，你們得成天盯著他們、軟硬兼施用盡手段。此外，你們耗費了大量時間和精力處理人際間的衝突、部門間的對立，以及爾虞我詐的政治鬥爭。」

這些主管對於我的鐵口直斷感到十分訝異：「你怎麼會對我們公司這麼瞭若指掌呀？你怎麼能說

得如此準確？」

　　我答說：「我其實不需要了解這個行業或是你們公司，我只不過了解人性罷了。」8

你希望你的員工怎樣對待公司最大客戶，你就必須先用同樣的態度對待你的員工。7

領導人是天生還是後天的？這是錯誤的二分法，因為領導人既非天生，也不是後天的。領導者之所以成為領導者，是出於自己的選擇。8

文化的道德權威（cultural moral authority）向來比約定成俗的道德權威（institutionalized moral authority）或是願景型的道德權威（visionary moral authority）發展得還要慢。8

有些領導者純粹為了義務才關心員工，實在是大錯特錯，一定會出問題的。之所以錯誤，因為關心人應該是目的，而不是手段。之所以會出問題，是因為這樣的態度遲早會被發現。

有效的領導是要事優先處理。
有效的管理則是紀律至上，
而且要確實執行。 7

Effective leadership is
putting first things first.
Effective management is discipline,
carrying it out.

領導力
Leadership

我不會特別去定義CEO的領導才能，因為CEO跟常人無異，而每個人都有可能成為領導者 —— 我指的是做自己人生的領導者、做朋友當中的領導者、做自己家庭的領導者。5

假如你把善良的人放在不良的體制裡，你會得到不良的結果。換言之，你想要花朵長得好，就得細心澆水施肥。7

柯維經典語錄

在工業時代，領導是個職位。
在知識時代，領導是種選擇。13

In the Industrial Age,
leadership was a position.
In the Knowledge Age,
leadership is a choice.

領導力
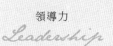

　　任務導向型的領導者常會為了讓事情順利完成，不經意忽略了過程裡所激起的情緒，以及其間所發展出的關係。

　　領導者經常會受到最新領導「學說」的洗禮：政策應該變得更民主還是更專制？更強硬還是更寬容？民主徵求員工意願還是獨裁直接要求？讓員工把事情做好的最佳方法是什麼？這些問題的確重要，必須慎重考量。然而，它們都是次要的問題。最重要的問題是：你有多在乎呢？4

柯維經典語錄

領導是一種選擇，處於外在刺激和內心反應之間的某個選擇。8

領導是所有藝術的最高境界，單純因為它賦予其他藝術活力，也讓專業人士各司其職。8

管理是在「系統之內」進行；領導則在「系統之上」運行。1

唯有當人們真心誠意投入，他們才願意呈現出自己
內在最好的一面。4

在這顛三倒四的世界裡……我們往往分不清「效率
（efficiency）」與「效能（effectiveness）」；「權宜
之計（expediency）」與「優先順序（priority）」；
「模仿（imitation）」與「創新（innovation）」；
「化妝術」與「品格」；「虛有其表」與「真本
事」。3

柯維經典語錄

有些領導者奉行「蘑菇管理定律（mushroom management）」，也就是：「讓員工待在黑暗中，拚命對他們施肥；等他們完全成熟後，便切下他們的頭，裝成罐頭。」[3]

當今領導的問題是：管理者仍舊採用工業時代的方法在控管知識時代的員工，因此未能激發出員工的崇高動機、才能與天賦。[8]

我們會計制度背後的設計原則實在愚蠢：它把人列成支出，物品卻列入投資 —— 事實上，兩者應該顛倒過來才對。14

領導的藝術在於幫助別人看清他們自身的價值與潛能。9

語言、邏輯與分析通常是左腦的工作，而直覺、感性與創造力，則向來由右腦掌管。我的建議是：用左腦管理，用右腦領導。3

柯維經典語錄

當家長把孩子的問題視為建立關係的機會，而不把
它當作是負面、惱人的麻煩事，將會徹底改變親子
的互動關係。在這種情況下，孩子若有問題來找
父母，父母的思維將不再是：「哦！怎麼又有問題
呀！」而是想：「這真是大好的機會，我可以真正
幫到我的孩子，還能投資我們的感情帳戶。」[7]

你可以買到一個人的雙手，卻買不到他的心：他的
心是他熱情的所在、他忠誠的所在。你可以買下他
的背，卻買不到他的腦：那是他創造力的來源、他
聰明才智與智謀的所在。[7]

雖然我們有許多人說得一口頭頭是道的父母經，大談父母責任的重要性，但我們卻常把大半的精力、熱情、時間，與忠誠度投注在我們自己的工作上。我們在工作上會精心計劃、使用一流的系統、認真做好記錄、花時間分析問題，但針對我們自己孩子的性格發展，儘管時光一天一天流逝，我們卻可能毫無任何精確的分析規劃，或詳實的記錄，也沒有採用任何先進的系統。4

要改變結果，必須從根部徹底改變。7

　　　　　柯維經典語錄

要想知道領導和管理之間的重大差異，有個迅速的方法：請你設想一組生產者在叢林裡，手持大鐮刀揮砍，清出一條道路。這些人是專門解決問題的生產者，負責砍除叢林裡濃密的樹叢，並將它們清理到一旁。

管理者則緊跟在生產者身後，替他們磨利刀子、編寫政策與程序手冊，手裡拿著強化肌肉的指導手冊、隨時引進最新技術，同時替持刀砍伐者制定輪班表與給薪方案。

而領導者則是那位爬上最高的樹，勘查整個局勢，大喊「走錯叢林！」的人。猜猜看，那群忙碌、高效率的生產者和管理者會有什麼反應？他們往往會說：「別吵！我們正忙著往前進呢！」7

THE PRINCIPLE OF

學 習

LEARNING

位於印度亞美達巴德（Ahmedabad）的印度管理研究所（Indian Institutes of Management），每年會有二次安排學生進行「探索之旅（梵文為shodhyatra）」。在這為期八至十天的徒步旅行裡，學生們深入窮鄉僻壤尋覓「第3選擇（3rd Alternative）」，亦即那些因生活需求而衍生出的古怪想法與創新設計。對於任何偏離常規的發想，這個團隊絲毫不放過。一旦發現某個農民或店家發明的獨特技術或工具，他們便帶回去分享至「蜜蜂網絡（Honeybee Network）」，透過此全國性的組織將這些新知傳播出去……。

旅行期間，這個團隊會忠實記載各地的草藥偏方、小型電器的奇特用法（像是老舊的索尼隨身聽搖身一變成了電扇的供電馬達），甚至還找到獨一無二的咖哩配方。途中總會經歷到許多不可思議的人事物，比如說他們就曾遇見一位能夠背誦三百多種當地植物名稱與用途的小孩。他們還常得到許

柯維經典語錄

多創新實用的點子，足以徹底改善窮人的生活。其中最為人津津樂道的一項發明叫做「小酷陶（Mitti Cool）」冰箱，是曼蘇克・普拉賈帕堤（Mansukh Prajapati）善用巧思做出來的。此一長方形陶罐就跟冰箱沒兩樣，只不過完全不用插電。如今，已有成千上萬的家庭在使用它。此外，普拉賈帕堤還發明了由摩托車改裝的犁田機，以及號稱媲美鐵弗龍的陶土不沾鍋，但售價才一美元而已。

不僅如此，發明爬椰子樹輔助器的人，如今生意做到全世界去了。還有某個農村特製、治療濕疹的草藥膏，也是熱銷全球各地。另外一位發明水陸兩用腳踏車的年輕人，每次為了等候船班到對岸看女友，等得他心急如焚：「我只是想快點見到我的心上人，沒想到，我卻因此成了發明家。有了科技幫忙，談戀愛順利多了。」5

面對錯誤時，主動積極的做法是立即承認它、改正它、並從中記取教訓。如此一來，劣勢也能扭轉成優勢。[7]

承認自己的無知往往是教育的第一步。[7]

在科學研發領域中，幾乎每一項重大突破，都是先從打破傳統、舊思維模式與舊認知框架開始。[7]

教育自己的良知並聽從它的指引：閱讀正向積極的
文學作品，以教育你的良知，然後服從它。在你服
從它的過程裡，你會一點一滴學到更多，變得更有
智慧。21

除了思想的教育外，心靈教育也是不可或缺的。1

我非常認同體制內一些自我教育的方法，它們不一定非得是正規的課程；它們可以是某個非正式的討論團體，也可以是某個定期舉行的讀書會。只是，倘若沒有依賴體制或外在紀律的強力規範，多數人往往會半途而廢，把學到的新東西又全還回去了。4

若我們不教導自己的孩子，社會就會替我們教；那麼孩子、還有我們都得終其一生承擔這個後果。6

在你的家庭生活裡，若能每天早上花點時間閱讀好書 —— 即使只有十到十五分鐘也行，從中學習歷久不衰的原則。那麼我幾乎可以跟你保證，在接下來的一天裡，你無論在家裡、在工作上、還是生活其他各個層面上，都能做出更明智的抉擇。你會更加深思熟慮，與人互動更為融洽、看事情更具前瞻洞見。此外，在面臨外來刺激時，你比較能處變不驚、從容不迫處理，也能比較看得清什麼才是最重要的事物。6

　　教育的中心價值無關乎金錢或職業，它與個人心靈生活息息相關，並有助於品格的養成。透過教育，我們能夠變成一位更稱職的丈夫和父親、妻子和母親，以及好公民。藉由教育，我們學習到邏輯與創意思考、懂得用文字清晰且強而有力地表達想法，並培養出閱讀的鑑賞力。此外，我們能夠因此發展出一套人生哲理，以及面對難題時應有的思維。我們的基礎知識會不斷加深加廣、視野變得更為宏觀；我們的同理心與審美能力也會一併提升。無論在哪個層面，我們都有辦法成為人格更健全完整、能力更強並富含智慧的人。4

　　　　柯維經典語錄

知道了卻不去做，跟不知道沒有兩樣。[7]

To know and not to do
is really not to know.

真正的知識是活的，不是死的。4

當美國總統問我該如何做好教改時，我是這麼回答他的：「學校與家長之間必須形成緊密的伙伴關係，合力教育出『全人孩童（whole child）』，培養他們在二十一世紀成功所需的性格優勢與能力。」15

THE PRINCIPLE OF

愛

LOVE

有位男士曾私底下跟我透露：「我和妻子的感情大不如前，對彼此的熱情早已消退。我想我已經不再愛她，她也不愛我了。我該怎麼辦呢？」

我問他：「你們之間不再有感情了嗎？」

他肯定地回答：「沒錯。不過我們有三個孩子，我們都非常關心他們。你有什麼建議嗎？」

我建議他：「去愛你的妻子。」

「我剛跟你說過，我們之間已經沒有感情了。」

「去愛她。」

「你不了解。那種愛的感覺已經不存在我們之間。」

「那麼就去愛她呀！正因為這種感覺不在了，你才更應該要去愛她。」

「可是，要怎樣去愛一個你不愛的人呢？」

「老兄，愛是一個動詞，愛情的感覺是『去愛』以後得到的結果。總之，你就去愛她、為她做事、為她犧牲、聽她說話、替她著想、欣賞她、肯定她。你願意這麼做嗎？」*7*

從你對待一個人的態度，可以看出你是怎麼
對待其他人的，因為所有人都是一個整體。[7]

How you treat the one
reveals how you regard the many,
because everyone is ultimately a one.

愛
Love

我有一位朋友的兒子對棒球十分狂熱，但我這位朋友卻對棒球完全不感興趣。不過，某年夏天，我這位朋友帶著他的兒子去看每一個大聯盟球隊的比賽。這趟旅程長達六個多星期，花了他非常多的錢，但這段經驗卻讓他們的父子關係更加緊密連結。這位朋友回來後有人問他：「你真有那麼熱愛棒球嗎？」他回答說：「沒有呀！但我就是這麼愛我的兒子。」7

柯維經典語錄

如果我在我們之間的感情帳戶存入禮貌、善意、誠實，並遵守我對你的承諾，此時帳戶裡就會有不少存款。你對我的信任度因此提高，必要的時候，我可以不只一次提領你對我的信任。我甚至可以犯錯，因為感情帳戶裡的信任存款自然而然會抵銷這個錯誤。溝通時我可能會拙於言辭，但瑕不掩瑜，你還是會聽懂我說的話，不至於動輒得咎，隨便一句話就輕易觸怒了你。總之，當我們之間信任存款多的時候，溝通會變得非常簡單、即時且有效。7

愛
Love

　　如果父母親遵從愛情的法則，相對會培養出遵從愛情法則的兒女。

　　若想要青春期的兒女能更懂事、更善解人意，那麼為人父母的必須先從自身做起：變得更加體貼、富含同理心、言行一致且關心他們。7

湯瑪斯・沃爾夫（Thomas Wolfe）有件事說錯了，離家後你依舊可以再回去的，只要你跟家人的關係密不可分，珍視彼此。7

柯維經典語錄

人與人之間的關係裡，沒有不重要的小事，
全都是大事。[7]

In relationships,
the little things are the big things.

愛
Love

155

野心勃勃的人十分在意自己的事情。他甚至會把孩子當成財產看待，並經常強求孩子做某些行為，好讓他更受人歡迎，贏得更多的敬重。這種占有的愛是深具毀滅性的。4

愛的法則基本上就是接受對方原本的面貌：用同理心傾聽對方、尊重他們的情緒，以耐心與關懷建立良好的關係。4

柯維經典語錄

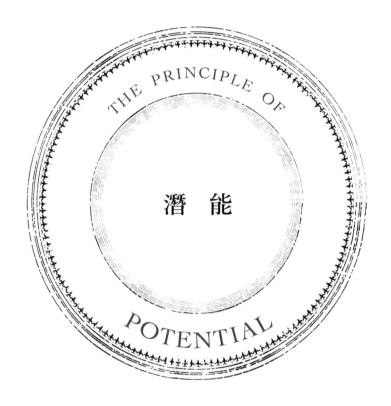

THE PRINCIPLE OF

潜　能

POTENTIAL

一九八八年夏天，黃石公園發生火災。剛開始時，大家都不以為意，因為黃石公園常會有森林大火，多半都會自行熄滅。不過，這次的火災不同於往常：久旱、強風，加上許多易燃的老樹與矮樹叢，火勢一發不可收拾。夏天結束時，多達四十多萬公頃的林地變成焦土。不少人開始擔心，一向被視為「國家公園之寶」的黃石公園是否從此榮景不再？

　　事實卻不然。不出一年，青綠的幼松樹苗便已整片覆蓋在原本黑黝黝的地面上。不過短短二十年的光景，如今一片全新的森林已然成形。追根究柢後才發現，原來黃石公園內知名的「海灘松」必須經過大火的高溫摧殘，才有辦法獲得刺激、重新播種。這就是大自然的法則：大火不但沒有摧毀公園，反而使公園脫胎換骨。

　　二十一世紀經濟的起起伏伏，讓我們像坐雲霄飛車一樣，而這樣的動盪不安彷彿永無終止的一

　　　　　　　柯維經典語錄

天。此外，知識型經濟所帶來的巨大震盪，讓許多人暈頭轉向，找不到自己的立足點。有些人眼中只看到災難，就像黃石公園大火一樣，以為未來的前途終將化成灰燼。他們只看到就業市場榮景不再，工作機會難尋，所有的產業凋零，經濟一落千丈、毫無前景可言。

但對另一群人而言，經濟前景從未像現在這麼看好。新世紀的經濟雖然飽受重創、反覆無常，卻出現許多近年來才崛起的新興產業，提供難能可貴的機會。換句話說，某些人眼中的災難，在其他人看來卻蘊藏著復甦的種子。那麼世上的問題是否都消失了呢？這個世界是否還是求才若渴，亟需大量的優秀人才呢？答案當然是肯定的。2

我不等於我的抱怨、我的職位、我的意識形態、我
的工作團隊、我的公司，或我的黨派。我不是過去
的受害者。我是個完整的人，獨一無二的個體，我
的命運由我自己決定。5

我個人相信，每個人在任何情況下，或任何組織裡
都可能成為促成改變的催化劑，即所謂的「改革
者」。這樣的人就像酵母一樣，可以慢慢讓整條麵
包發酵。做為一名推動改革的領導者，必須具備願
景、進取心、耐心、尊重、毅力、勇氣，以及堅定
的信念。3

柯維經典語錄

演講中我常會問台下的觀眾：「在座有多少人認為，你們公司裡絕大多數員工的聰明才智、能力與創造力其實比他們目前職位所需要的，甚至所要求的水準還要高？」絕大多數的人都舉手表示同意。8

試想一下，假設員工的熱情、天賦和聰明才智未能充分激發出來，這對個人和組織會造成多大的損失？要知道，這些損失遠比所有的稅賦、利息支出與勞動成本加總在一起還要高出許多！8

我們最重要的金融資產就是我們本身的賺錢能力。7

每個人的人生通常有兩條路可以選擇：舊的路與新的路；富有的路與貧窮的路，男女老少皆然。其中一條路寬廣好走，它會帶著我們走向平庸。另一條路雖然崎嶇難行，卻能引領我們走向意義非凡的人生。8

柯維經典語錄

第8個習慣是發現自己的內在聲音,並激勵別人也找到他們的內在聲音。8

你內在的聲音隱藏在你天賦、熱情、需求與良知的交匯處。當你所投入的工作能夠發揮你的天賦、激發你的熱情(它之所以獲得激發,是因為你的良知驅使你設法滿足世界上某個偉大的需求),此時,你內在的聲音、你的天命、你的靈魂使命就會自然浮現。8

人有自我覺察的能力：
有了這樣的自覺，我們才能在心裡跳脫自我，
從旁檢視自身的信念以及行動，
去思考自己究竟思考的是什麼。5

We are self-aware.
This awareness means that
we can stand mentally outside of ourselves
and evaluate our beliefs and our actions.
We can think about what we think.

THE PRINCIPLE OF

自　律

SELF-DISCIPLINE

有一天我跟一位朋友在健身房做重量訓練，這位朋友是運動生理學的博士，這一天他訓練的重點在於肌力的強化。在做仰臥推舉時，他請我從旁盯著，到了某個時間點，他會叫我拿起槓片。他一再強調：「除非我叫你拿，否則你千萬不能提前替我拿。」

於是我在旁邊看著他做，隨時準備拿起槓片。我看著槓鈴不斷上去又下來，上去又下來，愈到後面變得愈來愈困難，但他依舊持續在推。每次在他正要往上推時，我都會以為：「這次他絕對做不成！」但他還是做到了。只見他慢慢把槓鈴往下降，又緩緩上舉。

此時，他的臉早已因為出力而扭曲，青筋爆凸簡直就要跳出皮膚表面，我一邊望著他一邊在想：「槓鈴會不會掉下來，壓垮他的胸口，或許我應該替他拿掉槓片。或許他已經頭腦不清楚，不知道自己在做什麼。」不過，他每次都還是安全地把槓鈴放

柯維經典語錄

下來，然後繼續上推回去，實在太不可思議了。

　　當他終於叫我拿起槓片，我問他為什麼要等這麼久的時間。

　　他回答說：「史蒂芬，這項訓練帶來的好處幾乎要到最後關頭才會出現。我這麼做是為了強化肌力，但非得要到肌肉纖維斷裂、神經纖維註記這樣疼痛之後，肌力才可能建立。接著人體自然而然會過度補償：不出四十八個小時，纖維就會變得更強壯。」

　　同樣的原則也適用於情緒的肌肉。就拿耐心來說吧！一旦你鍛練自己的耐心超出過去的極限，情感纖維會因此斷裂，並在自然過度補償後，此一纖維會變得更加強健。7

每天早上，我都努力去贏得我所謂的「個人的成功」。我至少會花三十分鐘的時間，一邊踩固定式腳踏車健身，一邊研讀經文。接著，我會在泳池裡使勁游上十五分鐘，再到淺水區做十五分鐘的水中瑜伽。之後，我會誠心祈禱，用心聆聽，主要是聆聽我內在的良知。同一時間，我會想像自己接下來一整天會如何進行，包括重大的專業活動，以及與至愛親人、工作伙伴與客戶間的重要互動。我看到自己活在正確的原則裡，實現價值不凡的目標。16

聽從你的良心做事，做你覺得應當做的事。先從小地方開始做起，做出承諾並遵守它。然後再繼續往前進，做稍微大一點的承諾，並實踐它。到最後你會發現，你的榮譽感會戰勝你的情緒，為你帶來更大的信心和歡愉。憑藉這樣的興奮感受，你可以再轉往其他你認為需要改進，或值得你貢獻的領域。16

「紀 律（discipline）」 一 詞 源 自 於「信 徒（disciple）」：某種信念的信徒；某套原則的信徒；某組價值的信徒；某項崇高計畫的信徒 —— 信奉上司交代的目標，或是追隨代表此一目標的某個人。7

自律
Self-discipline

大多數人會把紀律與不自由劃上等號，
但事實上恰好相反：
堅持紀律的人才是真正自由的人。
不守紀律的人
則會淪為情緒、欲望與激情的奴隸。8

Most people equate discipline with
an absence of freedom.
In fact, the opposite is true;
only the disciplined are truly free.
The undisciplined are slaves to
moods, appetites, and passions.

柯維經典語錄

許多人表示，他們最大的錯誤是缺乏紀律。但仔細想想，我覺得情況並非如此。最根本的癥結應該在於：他們的優先順序還沒有深植到心裡和頭腦上。7

比起以「一日」為單位的時間管理，以「一週」為單位規劃行程能夠提供更大的空間與更清晰的脈絡。不僅大多數人會以星期為基準在思考，我們的文化也似乎隱含某種認同，把一週當成單一完整的時間單位。無論在商業、教育，或社會的許多層面裡，都是以一週的框架在運行：比方說，某幾天就該專事投資，某幾天就該放輕鬆或追求靈感。7

「個人成功」必須凌駕在「公眾成功」之上：唯有良好的自我管理與自律，方能奠定鞏固的人際關係基礎。7

戒除拖延、不守紀律的惡習，它們只會使我們變得軟弱。我必須提醒你，要在私人領域戒除這些習慣，絕非易事，不是兩三天就能解決的。不過，要戒除它們雖然很困難，但只要肯花時間做，你的生活裡將會逐漸出現寧靜與活力。4

許多年前，我們見證到太空人首次登陸月球的歷史時刻。大家無不驚嘆連連，難以相信人類得以在月球上行走。

你認為在登月的旅程當中，哪一段過程花費最多的動力與能源呢？是飛向月球的那四十萬公里航程嗎？是返回地球的這段旅程嗎？是繞行月球軌道的飛行嗎？還是要飛離月球的那段期間呢？

不，以上皆非。就算上述全部加總在一起，也不及地球升空時所消耗的能量。事實上，太空梭升空的幾分鐘內，為了擺脫地球強大的引力，必須耗費極大動能。換言之，不過短短數公里的飛行，卻比往後幾天航行八十萬公里所消耗的能量還要多。

同樣地，習慣也具有極大的地心引力。要想革除拖延、急躁、吹毛求疵、生活不節制或自私自利等根深柢固的不良習性，若缺乏相當意志力、無法痛下決心改進，是難以成功的。4

THE PRINCIPLE OF

統 合 綜 效

SYNERGY

我是某個全球性領袖組織的成員，該組織致力於促進西方與回教世界之間的和諧關係。其中成員包括美國前國務卿、重要的伊斯蘭教與猶太教領袖、各國企業領導人，以及衝突管理專家。首次開會時，我發現每個人似乎都有自己的一套論述。雖然整個會議井然有序，但你完全可以感覺到底下的暗潮洶湧。這天是星期天。

後來，我向大會提議由我先教大家一個原則，之後再繼續開會。大家很客氣地表示同意。於是我將「統合綜效」的概念傳授給在座的人。

到了星期二晚上，整個會場的氣氛已全然改觀。每個人都放下自己原本堅持的論點，一致達成共識，進而商議出一套大家先前從未想過的精采解決方案。你可以清楚地看到、感覺到與會的每位成員都變得互敬互愛。那位前國務卿小聲對我說：「我從來沒見過這麼驚人的事情。你所做的事情可以徹底改變整個國際外交。」5

我們當然需要法律，不然社會必將敗壞。可是，法律雖然能使社會免於崩裂，卻無法創造出統合綜效的境界 —— 它頂多只能造就出妥協。7

衝突是生活裡不可避免的元素。其實衝突並非壞事，它之所以發生，多半是因為當事人認真在思考自身的工作，這反而是件好事 —— 就是我所謂的「衝突的禮物」。每當我談及此，十之八九的人會以狐疑的眼光看著我；可是我想表達的是：一群用心思考的人在一起討論事情，難免會產生歧見，若是他們樂意表達出自己不同的看法，豈不是一件很棒的禮物？對方理應欣然接受呀！5

每一個孩子都是「第3選擇（3rd Alternative）」。因為每個人都是獨特的個體，其獨特的天賦才能之前從未出現過，將來也不可能在其他人身上看到。我們無法透過父母親的能力去預測孩子的能力：一加一不等於二。結合了二人天賦的特定組合，所生下的孩子在宇宙中是獨一無二的，其創意潛能也是無窮大的。5

柯維經典語錄

要怎樣才能在企業裡創造雙贏的局面？假如一方的好處比另一方多，會發生什麼事？當一方獲得的好處多於另一方時，這就是一種有贏有輸的局面。對贏家而言，他看起來似乎得到一時的成功，但從長遠來看，他的成功卻埋下不滿與不信任的種子。想要得到雙贏，你只需跟對方這麼說：「在這個情況下，我們要怎樣才能雙方都獲得勝利呢？」你要尋找的是「第3選擇」，這是你們無論怎麼單打獨鬥都比不上的理想方案。17

統合綜效

Synergy

如果兩人看法相同，
其中一人必屬多餘。7

If two people have the same opinion,
one is unnecessary.

柯維經典語錄

沒有安全感的人往往堅持己見，一意孤行，處處要別人順從自己，附和自己的想法。然而，他們不了解，人際關係可貴之處正是接納彼此不同的想法。相同不等於齊心，一致也不代表團結。7

把人帶到問題裡面，讓他們沉浸在問題當中，如此一來，他們便能吸收問題的精髓，把它當成是自己的問題，進而積極制定出解決方案。7

統合綜效
Synergy

兩個人意見相左，卻又都是正確的，這樣合乎邏輯嗎？問題不在邏輯，而是心理使然。從心理層面來看，這種情況再正常不過了。7

當你真正聽到不同的聲音，並從彼此差異裡整合出一套你們從未想到的完美方案，豈不興奮？當然，過程中難免會出現阻礙，比方說防禦心、地域主義，或「非我所創症候群（not-invented-here syndrome）」等等。17

很少人曾在家庭生活或其他人際關係裡，體驗過真實的統合綜效溝通。長久以來在成長過程裡，他們被教育成防禦心重、處處設防的個性，不然就是個性多疑，不信任別人。[7]

大多數企業家習於單打獨鬥，他們喜歡獨立完成事情。不過，若是你到「年度企業家」頒獎大會看看，你會發現，贏得獎項的向來都是因團隊合作取勝的企業家。[14]

統合綜效
Synergy

多數的會議只是在浪費大家的時間，因為它們事前的準備不足，鮮少有機會進行到真正的統合綜效溝通，也就難以討論出更完善的解決方案。16

多數人在談判時，一心只想得到他們想要的結果。經過幾番討價還價後，他們通常跟對方妥協——亦即雙方各退一步以達成協議。相反地，第3選擇根本不需要任何一方退讓，就能為雙方帶來更好的結果。要達到這樣的境界，你無需討價還價，只需要問對方：「想不想要得到兩全其美的第3選擇，獲得一個比你我原本設想的都還要好的結果？」17

柯維經典語錄

「公眾的成功」不是指贏過別人而取得的勝利。它代表的是有效互動裡，成功地創造出對每位參與者都有利的結果。「公眾的成功」意味著一群人一起工作、一起溝通、合力完成個人單獨不可能做到的事情。7

真正的創新得仰賴統合綜效，而統合綜效則必須仰賴差異性。兩個看法完全一致的人，進行不了統合綜效的溝通。此時，一加一等於二。反之，兩個看法歧異的人便能做到統合綜效；此時，一加一等於三，甚至等於十或一千。5

統合綜效在自然界裡十分普遍：農人將兩種植物栽種在一塊，讓它們的根部互相纏繞，土質便因此改善，而且植物也會比單獨栽種時更為茂盛。此外，若我們把兩塊木頭疊在一起，它們所能承受的重量會遠大於個別承受重量的總和。這說明了全體大於部分的總和，一加一等於三，甚至更多。[7]

柯維經典語錄

統合綜效跟妥協不一樣。
在妥協裡，一加一頂多只等於一個半。[5]

Synergy is not the same as compromise.
In a compromise, one plus one
equals one and a half at best.

統合綜效

Synergy

統合綜效的第一個步驟是問：「你想不想得到一個比你我心中設想都還要完善的解決辦法？」5

用協議的方式處理衝突，談的全都是「我」：「『我』要如何以最少損失得到『我』想要的結果？」一旦改用革新的方法處理衝突的話，談話中便成了「我們」：「『我們』要如何協力創造出驚人的結果？」5

柯維經典語錄

重視多元差異是統合綜效的精髓，尊重不同個體的不同智能、情緒以及心理。其關鍵在於認知到一件事實：每個人眼中看到的世界是不一樣的。7

人們不能達成協議時，反而會是一件好事。因為這麼一來，第3選擇就有機會浮現。一旦妥協，我們雙方勢必會失去某些東西。若選擇第3選擇，我們全都會贏。18

統合綜效
Synergy

THE PRINCIPLE OF

信　任

TRUST

我知道一間餐廳的蟹肉巧達濃湯非常美味，每到用餐時間必定高朋滿座。後來餐廳易主，接手的新老闆只重視產出——「金蛋」，於是決定加水稀釋巧達濃湯。

約莫過了一個月，在成本降低、營收不變的情況下，該餐廳的利潤大幅攀升。然而沒多久之後，客人漸漸不再上門。失去了客人信任後，餐廳生意一落千丈。新老闆用盡各種方法試著讓生意起死回生，但由於他不重視顧客、辜負他們的信任，以至於失去客人忠誠度這項重要的資產。到頭來，他永遠失去了可以下金蛋的鵝。7

柯維經典語錄

想要別人信任你，首先做個值得信任的人。[7]

If you want to be trusted, be trustworthy.

信任
Trust

想要贏得在場人士的信任，必須尊重不在場的人 —— 背後不道人短。7

人們本能地傾向於相信那些遵循正道行事的人。3

有些人能獲得完全的信任，是因為我們了解他們的本性。所以無論他們是否辯才無礙，是否善於人際交流，我們依舊對他們信任有加，而且與他們合作無間。7

柯維經典語錄

信任是生活的黏著劑，它是有效溝通裡不可或缺的
因素，也是維繫人際關係的基本原則。1

信任是人類動機的最高形式。7

眾所周知，在銀行裡開個帳戶，便可儲蓄以備不時
之需。所謂的感情帳戶，存入的則是增進人際關係
不可或缺的「信任」，也就是在人際相處間的一種
安全感。只要待人以禮貌、仁慈、誠實，與信用，
便能夠累積愈來愈多的感情帳戶存款。7

有了高度信任後，溝通變得容易、輕鬆且直接。即
便你犯了錯，也不至於傷了感情，因為別人非常了
解你。8

　　　　　柯維經典語錄

THE PRINCIPLE OF

真　理

TRUTH

記得某個星期天早晨，我曾在紐約地鐵上有過一小段思維轉換的經歷。當時車廂內每個人都靜靜坐著，有的看報，有的陷入沉思，有的則閉目養神，景象十分平靜祥和。

此時車廂突然上來一位男子和他的幾個小孩，孩子們大聲喧鬧，瞬間破壞了整個氣氛。

那名男子坐在我身旁，閉上了雙眼，無視於孩子們四處奔跑、大呼小叫、亂丟東西，甚至還拿別人的報紙，搞得整個車廂雞飛狗跳。然而，坐在我旁邊的這位仁兄卻始終無動於衷。

碰到這種情況，很難不教人發火。但最讓我難以置信的是，這個男子竟能漠然到任由他的孩子撒野，卻不擔起做父親的責任制止他們。顯然車廂內其他乘客也都十分不滿，於是，我終於忍無可忍地轉向他說：「先生，您的孩子實在是讓人受不了。我在想，您是不是可以稍微管教一下他們？」

只見這名男子宛若大夢初醒般抬起頭，眼神呆

　　　　柯維經典語錄

滯、有氣無力地說：「哦，你說的沒錯，我想我是應該做些什麼。只是我們才從醫院出來，他們的母親大約一小時前剛剛過世。一時之間我實在六神無主，我想孩子們也不知道該如何是好。」

你能想像我當下的感覺嗎？突然間，我看待此事的角度改變了，連同我的想法、我的感受、我的行為全都隨之一變。我的怒氣全消，完全不用再費心控制我的脾氣或作為。我滿心為這男人感到難過，同情和憐憫之情由衷而生。「你妻子剛剛過世？哦，很抱歉。你能告訴我詳情嗎？有什麼我能幫你的嗎？」所有的一切全都在這一瞬間改觀。[7]

生活的重心必須以原則為依據，原則是恆常不變，不受外在影響的。配偶也許會跟我們離婚，情人可能會跟我們最好的朋友私奔，但原則永遠是我們可以依賴的重心。它們不會設計我們，更不可能帶著我們抄捷徑或投機取巧。它們不會隨著他人的行為、環境，或當下流行的影響說變就變。原則是歷久不衰，千錘百鍊的真理。7

柯維經典語錄

正確的原則就像羅盤一樣，總是指引我們方向。只要我們知道如何看懂它們，我們便不會迷失、困惑，或是受到歧異的說法或價值觀所蒙蔽。19

我相信人性裡頭有某些部份是法律或教育都無法碰觸到的，唯有靠神的力量才有辦法處理。7

真理
Truth

201

如果我認為我看到的世界是客觀的，那我何必要尊重不一樣的觀點呢？既然別人的意見是有問題的，我為何要在乎它們？我的思維模式認定我是客觀的：我眼中的世界就是世界真正的模樣。換言之，其他人全只看到細枝末節，不像我看到的是更大的圖像。這正是為什麼別人會叫我主管（supervisor），因為我有超乎常人的視野（super vision）。[7]

時下流行的管理口號就像棉花糖一樣，吃起來非常美味，下一秒鐘卻融化得無影無蹤。[8]

每個人對同一件事物的看法可能天差地別。我們長久以來都有自己的一套思維模式，以為自己看到的才是事實，因而質疑那些「看不清事實」的人性格或精神狀況有問題。7

我們的問題和痛苦不分國界，且與日俱增。這些問題要獲得解決，非得仰賴那些放諸四海皆準、恆常不變、不辯自明的原則。縱觀歷史，國家社會的存亡興衰，往往都取決於是否遵奉這些原則。7

原則普遍存在於世上各個主要宗教、哲學以及倫理思想裡。它們是不辯自明的真理，任何人都能夠心領神會。7

品格倫理（character ethic）基本上主張：掌管人類效能的是原則，亦即人類社會的自然定律，它不僅真實不虛，而且歷久彌新、不辯自明。誠如物理學的地心引力，它的存在是無庸置疑的。7

柯維經典語錄

我們看待問題的方式，
本身就是一大問題。7

The way we see the problem
is the problem.

真理
Truth

追求公正、誠實、尊重與奉獻的態度，超越所有文
化。無論在哪個時代，這套價值都一樣歷久彌堅且
不證自明。8

有太多的人際關係奉行「陽光哲學（sunshine
philosophy）」，它們聽起來很簡單、富含邏輯，
但只有在「無風無浪」的生活環境裡才行得通。除
非這些哲學可以更深入地從根部著手，看重個人品
格，否則也只能提供短暫的鎮靜和麻醉。4

柯維經典語錄

許多時候，我們沒能發現到自己面臨的其實是一個假的兩難困境。可悲的是，大多數的兩難困境都是假的。5

我們必須檢視自己觀察外在世界所用的「眼鏡」，也必須檢視我們所看到世界的樣子，因為眼鏡會左右我們解讀世界的方式。7

真理
Truth

我們所看到的世界，並非它真實的模樣，而是我們以為的模樣，甚至是我們受到制約後所看到的模樣。7

當我們開口描述所看到的事物，我們實際上是在描述我們自己、我們的看法、我們的思維模式。7

　　　柯維經典語錄

原則與實務不同；
實務只適用於特定情況，
但原則卻是更深層、更根本的真理，
它通用於各種情況。[7]

While practices are situationally specific,
principles are deep, fundamental truths
that have universal application.

真理
Truth

THE PRINCIPLE OF

願　景

VISION

現在，請你靜下心來，想像自己正前往殯儀館或是追思禮拜的路上。你停好車子，走下來。抵達葬禮會場後，你看見一堆花籃，聽見輕柔的管風琴聲。禮堂裡坐的全是熟面孔，都是你的親朋好友，你可以感受到他們內心深切的悲慟。

當你走到會場前方，往棺材裡看時，赫然發現躺在裡頭的是你。沒錯，這正是你的葬禮！在座的親友來此送你最後一程，追憶他們對你的愛與謝意。

告別式還沒正式開始，你找了個座位先坐下來，看著手中的程序單，知道等一下會有四位代表上台追憶你的生平。第一位是親人代表，可能是你的至親，也可能是普通的親友；而你的兒女、兄弟姊妹、姪子姪女、叔叔阿姨、表兄弟姊妹、孫子孫女等，全都從各地趕來參加你的告別式。第二位是友人代表，由他描述你的人格是再準確不過了；第三與第四位則分別是你的同事以及你教會或社團的伙伴。

柯維經典語錄

現在請你認真想想，你希望聽到什麼樣的評語？在他們口中，你會是個稱職的丈夫、妻子、父母、子女或親友嗎？你會是個令人懷念的工作伙伴嗎？

　　你希望他們所描述的你，具備怎麼樣的品德呢？你這一生有任何貢獻或成就值得他們懷念嗎？再仔細看看這些親友，你希望你的一生對這些人造就出什麼樣的影響？7

以正確原則為基礎的個人使命宣言，好比一國的憲法，是我們行為處事的主要依據，好讓我們在面臨人生大大小小的決定時，不至於受到外在環境或情緒的影響。有了它做為後盾，我們方能屹立於瞬息萬變的世界裡。7

願景

Vision

要有以終為始的心態。7

一旦認清真正重要的事物，並謹記在心，我們的人生將會變得截然不同。從那以後，每一天都能朝這個方向規劃自己的生活。7

如果梯子沒有搭到正確的牆上，我們所爬的每一步只會讓我們更快達到錯誤的目的地。7

**一個人的本性
決定了他看待事物的角度。**[7]

Being
is seeing in the human dimension.

願景
Vision

建造房子時，在拿起工具正式破土之前，我們腦海中勢必要擬一套詳盡的計畫，事先構思好每一個細節，再繪出大略的藍圖。既然如此，我們為何不也事先在腦海中規劃好每一天、每一週，或每一年的藍圖，並用這樣的藍圖去過日子呢？4

我可以改變！我可以活出想像力，不流連在回憶裡。我可以揮灑無窮無盡的潛能，不受限於過去。7

動機的火苗只能從裡面點燃，倘若由旁人來點的話，那團火極有可能一下子就燒盡，無法持久。21

共同的願景和價值觀是每個家庭的核心，它們是恆久不變、屹立不搖的原則。7

我們現在所處的知識時代裡，整體產值會比工業時代高出五十倍 —— 不是二倍、三倍、也不是十倍，而是五十倍！8

工作本身不會有未來，
未來只存在你自己的身上。21

There is no future in a job.
The only future is inside yourself.

柯維經典語錄

假如我們連「贏」背後的深層意義都不了解的話 —— 亦即不了解我們的內在價值，那麼我們根本不可能贏得成功的人生。[7]

透過想像，我們可以預見自己內在尚未開發的豐富潛能。[7]

要想有效改變自己，
我們首先必須改變自己的看法。21

To change ourselves effectively,
we first have to
change our perceptions.

THE PRINCIPLE OF

雙　贏

WIN-WIN

我有個客戶是一間大型連鎖零售店的老闆，他對雙贏的概念十分不以為然。他說：「史蒂芬，利人利己的想法聽起來的確不錯，可是太理想化了，畢竟這在現實無情的商場上是行不通的。有輸有贏才是常態，你沒有實際經歷過商場上的你爭我奪，你不懂。」

我反問他：「好吧！那你就犧牲顧客爭得更多的利益，這樣總合乎現實吧？」

他搖頭說不。我繼續追問：「你為什麼不這麼做呢？」

「這麼一來會失去我的顧客。」

「那麼，若犧牲你們店家，讓顧客贏得更多利益呢？這樣夠實際嗎？」

「當然不行，沒有利潤等於做白工。」

在逐一考量各種方案後，我們發現雙贏似乎是唯一合乎現實的方法。

他承認：「就算跟顧客之間應該做到利人又利

己，但與上游供應商絕不可能。」

「可是，對上游供應商來說，你就是顧客呀！為什麼不能適用同樣的原則呢？」

「我們最近跟房東還有商場經營團隊重談租約時就吃了虧。我們抱著兼顧雙方利益的心態，開誠布公跟對方好好談，誰知道被當成軟腳蝦欺負，到頭來成了冤大頭。」

我問道：「那你為什麼要損己利人呢？」

「我們沒有呀！我們抱持的是利人利己的心態。」

「可是你剛剛不是說他們把你們當冤大頭嗎？」

「是這樣沒錯呀！」

「換個方式說，就是你輸了嘛！」

「沒錯。」

「所以是他們贏了。」

「沒錯。」

「那你說說看，這叫做什麼？」

雙贏
Win-win

當他意識到自己口中的「雙贏」竟然是「損己利人」，一時啞口無言。7

雙贏思維的依據在於擁有「富足心態（Abundance Mentality）」。富足心態來自於厚實的個人價值和安全感，也就是打從心底相信世上必有充足的資源，讓每個人都能分食，所以不怕與別人共享聲望、賞識、利潤，以及共同制定決策。如此一來便開啟了無限的可能性與選擇，並得以充分發揮創造力。7

柯維經典語錄

縱使每一種工作都有它單調無趣的一面，但我們還是有許多機會在其他地方，或人生的某個階段去增廣我們的興趣，加深對它們的了解，發展出更多元的技能，進而使我們的興趣與生活結合 —— 簡單地說，就是讓我們活出積極的人生。4

從長遠來看，如果你我無法得到雙贏的結果，等於我們都輸了。這就是為什麼在此相互依存的世界裡，雙贏是我們唯一的選擇。7

雙贏
Win-win

　　人生並非都在競爭。所幸我們不必每天費心與我們的配偶、孩子、同事、鄰居，或朋友一較長短。「在你的婚姻裡，誰才是贏家？」這種問題實在荒謬之至。要知道，如果兩人沒能取得雙贏，那麼兩人都是輸家。[7]

復仇是一把雙刃劍，勢必會兩敗俱傷。我認識一對離異的夫婦，按照法院的離婚判決，丈夫必須出售財產，將所得分一半給前妻。他照做了，只不過，他為了不讓妻子好過，寧可把市價一萬多美元的汽車，以五十美元賤賣，只分給妻子二十五元。[7]

　　　　　　柯維經典語錄

一般人看事情多用二分法：非強即弱、非黑即白、非勝即敗。然而，這種思維基本上是有問題的，它的基礎建立在權力與地位上，而非原則上。至於雙贏思維，其出發點則是認為人人都有足夠的資源，一個人的成功不必踩在其他人的頭上，更不必犧牲他人以贏取勝利。7

許多人一遇到紛爭，第一個想到的念頭就是打官司控告對方、「贏得」訴訟並要對方付出代價。然而，這種防禦心不僅會扼殺創意，也失去了合作的可能性。7

或許在真正懂得分享之前，
我們需要先經歷擁有的感覺。7

Perhaps we need a sense of
possessing
before we can gain a sense of
genuine sharing.

柯維經典語錄

「匱乏心態（Scarcity Mentality）」把人生看作是一場「零和」遊戲。擁有這種心態的人，深怕自己吃虧，於是見不得別人好，暗自希望別人遭受不幸、小災小難不斷，因而無法安心與自己競爭。這種心態的人，其自我價值架構在與他人的比較上，認為別人的成功在某種程度上意味著本身的失敗。7

雙贏思維不光適用於商業的交易，更適用於所有的人際關係。擁有雙贏思維就等於拿到一張通行證，得以順利走進任何人的心靈。5

雙贏
Win-win

為自己著想，但不忘他人的權益。7

Think win-win.

柯維經典語錄

與人爭辯時，我們通常一心只想要贏過對方、擊敗對方。你不妨試著把這樣的思維應用在你的朋友和家人身上，看你們能否維持長久的關懷與創意關係。5

贏得勝利是很棒的事情。然而，贏的方式不只一種。人生並非一場網球賽，到最後只能有一人勝出。彼此雙方若都成功，豈不更令人興奮嗎？如此一來，雙方協力創造出一個新局面，讓兩人都能樂在其中。5

雙贏並非只是個提升品格的技巧。它其實是內心的
一個架構，以追求互利人際關係為目的。雙贏源自
於高度的互信關係，同時也是支撐良好人際互動背
後的主要信念。此外，要做好雙贏，必須具備三項
品格特質：真誠正直、成熟與富足心態。7

柯維經典語錄

STEPHEN R. COVEY'S

史蒂芬・柯維
鍾愛的
金句名言

FAVORITE QUOTATIONS

人類是重複行為下的產物，因此我們的卓越並非單一的行為，而是一種習慣。

—— 亞里斯多德（Aristotle）

種下思想，收穫行動；種下行動，收穫習慣；種下習慣，收穫品格；種下品格，收穫命運。

—— 據稱是包德曼（George Dana Boardman）所言

孩子必須知道他本身就是個奇蹟；因為自開天闢地，以至天窮地盡，這世上不會再有另一個像他一樣的孩子。

—— 卡薩爾斯（Pablo Casals）

計畫本身毫無價值可言，但計畫的過程卻十分珍貴。

—— 杜拉克（Peter Drucker）

重大問題發生時，依我們當時的思維水平往往無法解決。

——據稱是愛因斯坦（Albert Einstein）所言

歷史上我們看到的自由之身，絕非偶然發生，而是一種選擇 —— 因為他們選擇了自由。

——艾森豪（Dwight D. Eisenhower）

我們不可停止探索。
而一切探索的盡頭，終將回到最初的起點，
並以全新角度重新認識它。

——艾略特（T.S. Eliot）

當我們所堅持的工作愈做愈順手、愈來愈簡單時，並非因為工作性質改變，而是因為我們處理它們的能力提升了。

——愛默生（Ralph Waldo Emerson）

所有的孩子出生時都是天才：但每一萬人當中有高達九千九百九十九人沒多久就讓大人給不經意扼殺過人的天賦。

　　　　　　　　── 富勒（Buckminster Fuller）

　　千萬不能為了芝麻綠豆小事，耽誤到真正重要的事情。

　　　　　　　　── 歌德（Johann Wolfgang von Goethe）

　　以一個人現有的表現去期許他，他不會有所長進。但若以他的潛能以及應有的成就去期許他，他將不負所望。

　　　　　　　　　　　　　　　　　── 歌德

　　成功者能為失敗者所不能為，即使並非心甘情願，但為了遠大的目標，他們仍會克服心理障礙堅持到底。

　　　　　　　　　　　　　　── 葛雷（E.M. Gray）

柯維經典語錄

為某個人完全奉獻自己，其情操勝過於為了拯救全世界而拚命。

—— 漢默約（Dag Hammarskjold）

如果有解決複雜問題的「速效」簡單方法，就算不收我半毛錢我也不會採用。但如果有解決複雜問題的「長遠」簡單方法，就算要我付出整個右臂，我也在所不惜。

—— 霍姆斯（Oliver Wendell Holmes）

與我們的內在力量相比，所有身外之物便顯得微不足道。

—— 霍姆斯

友誼不可缺乏信任，信任不可缺乏誠信。

—— 約翰生（Samuel Johnson）

有兩件事總是讓我驚嘆不已：滿天的星空，以及內心深處的良知。

——康德（Immanuel Kant）

每一個「半真理（half-truth）」最終只能在另一半真理中，創造出它自己的對立面。

——D·H·勞倫斯（D.H. Lawrence）

那些屬於寧靜過往的教條，已不足以應付今日的暴風雨。

——林肯（Abraham Lincoln）

我今天有好多事要忙，看來得多花一個小時來處理我的膝蓋問題。

——據稱為馬丁·路德（Martin Luther）所言

習慣就像一條纜繩，我們每天替它纏上一段新索，過不了多久它就會變得堅不可摧。

—— 曼恩（Horace Mann）

金科玉律已深植記憶，現在該是身體力行的時刻。

—— 馬克姆（Edwin Markham）

生命中最大的爭戰，每天都在我們寂靜的精神世界裡激烈進行著。

—— 馬偕（David O. McKay）

如果有人對於所聽到的意見提出質疑，我們應該要感謝他們，並敞開心胸聽聽他們的論點。同時，我們也要慶幸他們替我們做了原本我們應該做的事。

—— 穆勒（John Stuart Mill）

回顧過去的人生，讓我感觸最深的一點是：那
些以前看起來十分重要、極具吸引力的人事物，現
在看來竟如此微不足道、荒謬可笑。
　　　　　　──馬格瑞奇（Malcolm Muggeridge）

　　輕易得到的東西，我們往往看輕。一切事物的
價值在於得之不易，天知道要如何給各種商品定出
合適的價格。
　　　　　　──托馬斯・潘恩（Thomas Paine）

　　心靈世界自有其道理，非理智所能企及。
　　　　　　──巴斯卡（Blaise Pascal）

除非你同意，否則任何人都傷不了你。
　　　　　　──小羅斯福總統夫人（Eleanor Roosevelt）

弱者往往殘酷，唯有強者身上才見溫柔。
　　　　　　──羅斯金（Leo Roskin）

人生最大的喜悅在於：能夠為自己所認同的偉大目標而活、順應大自然而活；不甘做一個成天只會自怨自艾、抱怨這個世界無法讓你幸福開心的自私鬼。我始終認為我的人生屬於全人類，在我有生之年必將盡我所能為人群服務。我期許自己到了人生盡頭的那一刻，生命能夠完全獲得燃燒。我愈認真工作，就愈感受到自己真實地活著。我為生命的本質感到歡欣鼓舞：生命對我而言不是瞬息即逝的蠟燭，而是一把明亮燦爛的火炬。當我高舉火炬時，我會盡全力使它發光發熱，再傳承給未來的世世代代。

—— 蕭伯納（George Bernard Shaw）

　　我們並非具有靈性經驗的人類，而是具有人類經驗的靈魂。

—— 德日進（Pierre Teilhard de Chardin）

把你最好的奉獻給這個世界！你或許會因此受傷，但你仍然要把最好的奉獻給這個世界。

—— 德雷莎修女（Mother Teresa）

最令人鼓舞的事實，莫過於人類確實能主動努力去提升自身的生命價值。

—— 梭羅（Henry David Thoreau）

揮斧砍向成千的邪惡枝葉，不如一舉剷除萬惡的根源。

—— 梭羅

參考資料

1. *First Things First: To Live, to Love, to Leave a Legacy* (New York: Simon & Schuster, 1995)
2. *Great Work, Great Career* (Salt Lake City: FranklinCovey Co., 2010)
3. *Principle-Centered Leadership* (New York: Simon & Schuster, 1991)
4. *Spiritual Roots of Human Relations* (Salt Lake City: Deseret Book, 2011)
5. *The 3rd Alternative: Solving Life's Most Difficult Problems* (New York: Free Press, 2004)
6. *The 7 Habits of Highly Effective Families* (New York: St. Martin's Griffin, 1997)
7. *The 7 Habits of Highly Effective People* (New York: Free Press, 2004)
8. *The 8ᵗʰ Habits: From Effectiveness to Greatness* (New York: Free Press, 2004)
9. *The Leader in Me* (New York: Free Press,2008)
10. "Big Rock," FranklinCovey video, 1989.
11. B. J. Gallagher," Why Don't I Do the Things I Know Are Good for Me?" (New York: Penguin,2009)
12. Janet Attwood and Jack Canfield, "Dr. Stephen R. Covey, Leading people from Effectiveness to Greatness," *A Life on Fire: Living Your Life With Passion, Balance, and Abundance* (Enlightened Alliances,

LLC, no date)

13. "Knowledge Workers:10,000 Times the Productivity." Stephen R. Covey blog. http://www.stephencovey.com/blog?p=15.

14. "Dr. Stephen Covey Interview Featuring Jay Abraham, May 10, 2005."heep://Abraham-pop.s3.amaxonaws.com/stephencoveyinterview.pdf.

15. "Our Children and the Crisis in Education," *Huffington Post*, April 20, 2010. http://www.huffingtonpost.com/stephen-r-covey/our-children-and-the-cris?_B_545034.html.

16. Leo Babauta, "Exclusive Interview: Stephen Covey on His Morning Routine, Technology, Blogs, GTD and The Secret." http://zenhabits.net/exclusive-interview-stephen-covey-on-his-morning-routine-blogs-technology-gtd-and-the-secret/.

17. Dan Schawbel, "Stephen Covey Gives You a 5rd Alternative," *Forbes*, Oct. 4, 2011. http://www.forbes.com/sites/danschawbel/2011/10/04/stephen-r-covey-gives-you-a-3rd-alternative/.

18. Stephen R. Covey, "We Can Do Better Than This: A 3rd Alternative," *Huffington Post*, October 6,2011. http://www.huffintonpost.com/stephen-r-covey/we-can-do-better-than-thi_2b_998107.html.

19. "A Day With Stephen Covey," July 17,2012. http://insights.execunet.com/index.php/comment/a_day_with_stephen_r_covey/best-practices/more

20. Personal conversation with Stephen R. Covey.

21. Unsourced, attributed to Stephen R. Covey.

富蘭克林柯維公司是一個全球性、以人為本的顧問培訓公司，專長於7個關鍵領域，包括：領導力、執行力、生產力、信任力、銷售績效、客戶忠誠度與教育，藉由提供一系列領導變革的架構與思維，協助個人與企業成就卓越。

自1989年《與成功有約：高效能人士的七個習慣》一書出版後，近30年來，富蘭克林柯維公司不斷更新，致力創造顧問與培訓的極致影響力，與企業一同達成組織的最重要目標。目前在全球140個辦事處有近1,500名專家提供相關服務，客戶有90%來自於美國財富100強的企業，超過75%為來自美國財富500強的企業，還有數以千計的中、小型企業和政府與教育機構。

當您閱讀完此書，是否希望獲得更多學習與成長的機會？
富蘭克林柯維公司在台灣、香港、大陸和新加坡皆設有辦事處，歡迎致電886-2-2325-2600，或上 www.franklincovey. com.tw，讓我們有機會為您提供更專業與詳盡的服務。

歡迎掃描下方各社群媒體平台，讓您即時獲得富蘭克林柯維最新資訊，掌握終極競爭優勢！

NOTE

NOTE

NOTE

NOTE

NOTE

NOTE

NOTE

NOTE

NOTE

國家圖書館出版品預行編目(CIP)資料

柯維經典語錄：18個關鍵原則,創造成功人
生 / 史蒂芬.柯維(Stephen R. Covey)著；胡
琦君譯. -- 第一版. -- 臺北市：遠見天下文化,
2013.10
　　面；　公分. -- (心理勵志；BP306)
譯自：The wisdom and teachings of
Stephen R. Covey

ISBN 978-986-320-309-4(精裝)

1.生活指導 2.成功法

177.2　　　　　　　　　　　102020689

心理勵志　BBP306A

柯維經典語錄：
18 個關鍵原則，創造成功人生
The Wisdom and Teachings of Stephen R. Covey

作　　者 —— 史蒂芬・柯維（Stephen R. Covey）著
譯　　者 —— 胡琦君

總編輯 —— 吳佩穎
責任編輯 —— 陳孟君
封面・美術設計 —— 江孟達

出版者 —— 遠見天下文化出版股份有限公司
創辦人 —— 高希均、王力行
遠見・天下文化・事業群 董事長 —— 高希均
事業群發行人／CEO —— 王力行
天下文化社長 —— 林天來
天下文化總經理 —— 林芳燕
國際事務開發部兼版權中心總監 —— 潘欣
法律顧問 —— 理律法律事務所陳長文律師 著作權顧問／魏啟翔律師
地　　址 —— 台北市 104 松江路 93 巷 1 號 2 樓
讀者服務專線 —— (02) 2662-0012　　傳　真 —— (02)2662-0007；(02)2662-0009
電子信箱 —— cwpc@cwgv.com.tw
直接郵撥帳號 —— 1326703-6 號　遠見天下文化出版股份有限公司

製版廠 —— 東豪印刷事業有限公司
印刷廠 —— 柏晧彩色印刷有限公司
裝訂廠 —— 精益裝訂股份有限公司
登記證 —— 局版台業字第 2517 號
總經銷 —— 大和書報圖書股份有限公司　　電話／（02）8990-2588
出版日期 —— 2021 年 2 月 1 日第二版第 3 次印行

定價 —— 380 元
EAN：4713510945933
英文版 ISBN：9781476725116
書號 —— BBP306A
天下文化官網 —— bookzone.cwgv.com.tw

本書如有缺頁、破損、裝訂錯誤，請寄回本公司調換。
本書僅代表作者言論，不代表本社立場。